서른의 공식

서른의 공식

이서윤 지음 어진선 그림

인생은 30부터

어른이 된다는 건 나만의 공식을
만들어나간다는 뜻이 아닐까?

카시오페아
Cassiopeia

서른이 되기 두려워서였을까? 지금의 내 모습이 별로 마음에 안 들고 후회되는 일 투성이여서였을까? 가까운 일상에서부터 시작해 연애, 사랑, 직업, 인간관계까지 고민… 걱정… 한숨… 세상 고민은 내가 다 하는 것 같은 불안한 날들이 계속되었다.

막상 서른이 되어보니 또 달라진 것도 별로 없는 듯했다. 어른인 듯, 어른 아닌, 어른 같은, 어른아이인 나이인 거다. 하지만 달라진 게 하나 있다면 그 고민하는 시간 동안 내가 조금 컸다는 것이다. 혼란스러웠던 것들이 조금씩 정리되고, 이렇게 살아보는 건 어떨까 생각하게 되었다. 서른이 된다는 게 당장 어른이 된다는 건 아니겠지만, 어쩌면 인생을 사는 자신만의 공식을 하나둘씩 만들어가는 게 나이가 든다는 의미는 아닐까?

'서른의 공식? 인생이 수학 공식처럼 되는 것도 아니잖아?'라고 생각할지도 모르겠다. 여기서 수학 공식을 알려주려는 것은 아니다. 그동안 힘들 때마다 했던 생각들을 글로 풀어가다 보니 없던 가치관이 생겼고 마음이 치유됨을 경험했기에 그 생각을 나누고자 한다. 거창한 것은 아니다. 단지 눈에 보이지 않는 생각과 고민을 눈에 보이는 그림과 기호와 글자로 옮겨보았다. 기호와 공식의 힘은 놀라웠다. 10줄 걸려 쓴 내용을 단 한 줄의 수학 기호 식으로 정리할 수 있기 때문이다. 그러고 나니 마음의 정체가 분명해졌다. 수학을 별로 좋아하지 않지만 그 훌륭함은 인정해야겠다.

원고가 책으로 만들어지는 작업이 끝난 후, 내 글을 다시 읽어보고 부끄러워 숨고 싶었다. "말은 잘하네", "알기는 잘 아네" 하는 소리가 귀에 윙윙거렸다. "너는 과연 이렇게 살고 있느냐?"고 묻는다면 할 말이 없다. 하지만 이것만은 믿고 있다. '의식하는 것'과 '의식하지 못하는 것'의 차이는 크다는 것. 의식하고 있으면 시간의 흐름에만 나를 맡기지 않고 내 삶의 방향키를 움직일 수 있다는 것.

그래서 여기에 쓴 글은 독자 여러분에게 하는 말이기도 하지만, 그보다도 나 자신에게 당부하고 스스로 다짐하는 말이다. 죽도록 흔들렸던 순간에 책을 읽고 산책하고 사색하며 감탄의 순간을 만들었던 시간의 기록이기도 하다.

나는 특별히 경험이 많지도 않고, 지혜가 많은 나이도 아니다. 오늘도 하루를 살아내기 위해 고군분투 중인 평범한 사람이다. 이 책을 꼭 읽어야 훌륭한 인생을 살 수 있다고 말하는 것도 아니다. 각종 부등호와 그래프, 수학 용어와 그림을 이용해서 풀어놓은 것들에 반발하고 싶을지도 모른다. 인생의 모든 일이 어찌 기호 하나로 정의될 수 있겠나. 하지만 '평소에 내가 생각했던 내용을 이렇게도 풀어볼 수 있구나. 이 사람은 이런 생각을 하면서 사는구나.' 하고 편안하게 읽어갔으면 좋겠다. 학창 시절에 배우고 들었지만 이제는 생소해진 수학 용어들을 일상에 적용해보는 일이 생각보다 재미있을지도 모른다. 더 나아가 지금껏 살아오면서 겪었던 것을 공식으로 만들어보면 어떤 게 있나 생각해보는 것도 재미있겠다. 다 같이 모여서 그 공식을 나누는 '서른의 공식' 파티를 하는 것도 즐거울 것 같다고 상상해본다.

일상에서 누구나 했던 고민이고 이미 알고 있는 답이지만 남들이 하는 생각을 엿보는 건 생각보다 재미있다. 나만 그런 고민을 하는 게 아니라는 사실에 위안을 얻기 때문이다. 그렇기에 여기 있는 생각을 마음껏 엿봐주시기를 바란다. 독자 여러분들의 생각을 엿볼 날을 고대하며!

이서윤 드림

Contents

part
01

선
택

지나고 나면 생각보다 별거 아니라는 생각을 한다.
보이지 않을 때,
다가오지 않았을 때 더 두려운 법이다.

선택의 알고리즘

나는 '선택'하는 게 너무 힘들다.
'선택 자판기'가 있었으면 좋겠다.

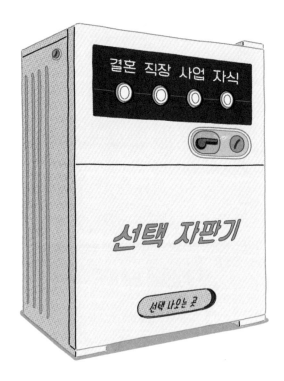

만약 선택 자판기가 있다면
그 기계 안에 들어가게 될 프로그램은
어떤 프로세스를 거칠까?
선택한다는 것은 굉장히 복잡한 과정이다.
쉽게 보이지만 먹고 싶은 음료수 하나를 고르는 과정만 해도 그렇다.
음료수를 선택하는 과정의 알고리즘을 살펴보자.

어떤 음료수가 있는지 내 선택권을 본다
↓
지금 나의 욕구를 살핀다
↓
내 욕구와 일치된 음료수를 고른다

선택의 과정에서 문제가 생기면 더 복잡해진다.
어떤 문제가 있을 수 있을까?

① 나의 욕구가 뭔지 모른다.
② 내 욕구와 일치된 음료수가 없다.

내 욕구와 일치된 음료수가 없는 경우는 오히려 해결하기 편하다. 가장 비슷한 음료수를 찾거나 내 욕구를 설정하는 과정을 다시 하면 되니까. 하지만 내 욕구를 모를 때는 알고리즘을 진행할 수가 없다.

가장 중요한 것은 내가 원하는 것을 제대로 아는 것이다. 모든 선택이 마찬가지지만 욕구의 우선순위가 분명해야 기준이 생긴다. 내 욕구를 분명히 알고 우선순위를 정하는 게 선택 알고리즘의 가장 첫 단계다. 결국 내가 선택을 잘하지 못했던 것은 내 욕구를 분명히 알지 못했기 때문이다.

그렇다면 내 욕구를 분명하게 알려면 어떻게 해야 할까?

선택 자판기에 내 손을 갖다 대기만 하면 그 기계가 내 욕구를 알아채고 알맞은 선택지가 적힌 종이가 뿅! 나오면 좋겠지만, 그게 아니므로 내 욕구를 알아채는 연습을 자꾸 해야 한다. 먹고 싶은 음식이라든가 입고 싶은 옷은 먹어보고 입어보면서 나에게 가장 잘 어울리고 잘 맞는 것을 찾아볼 때, 점점 선택하는 데 익숙해져 간다.

선택의 알고리즘

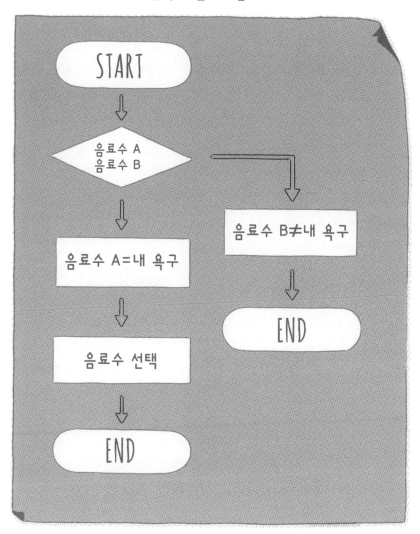

가치관과 관련된 선택은 더 어렵다. 내가 원하는 인생이 뭔지 모를 때, 내 꿈이 뭔지 모를 때, 내가 원하는 이성이 어떤 사람인지 모를 때, 이 순간 내가 나서는 게 맞는지 가만히 있는 게 맞는지 모를 때는 더 어렵다.

그럴 때 내게 효과적인 방법은 최대한 많은 선택지를 구경하는 것이다.
모두 경험해보고 나한테 맞는 것을 찾는 게 가장 좋겠지만,
그렇게 할 수 없으니 일단 어떤 선택지가 있는지 본다.

●

그 선택지를 이성적으로 또 감성적으로 가치관에 맞게 걸러낸다.
그리고 가장 끌리는 쪽으로 선택한다.
그렇다면 어떻게 걸러낼까?

선택의 기준, 가치관은 어떻게 만들어지는가

세상에 수많은 삶의 원이 팽이처럼 빙글빙글 돌아가고 있다. 어떤 인생의 원이든 그 중심에는 믿음이 있다. 불확실한 미래 앞에 무언가를 준비하며 살아가야 하는 세상 속에서 사람이란 믿지 못하면 살지 못하는 존재다.

'내가 왜 그때 그렇게 행동했을까?'

내가 했던 말이나 행동에 전혀 신경 쓰지 않는 쿨한 성격이라면 모를까, 다시 생각하다 보면 자다가 이불을 걷어찬다. 즉흥적으로 했던 행동이라 해도 그 이면에는 분명 나의 믿음이 반영될 수밖에 없다.

내 행동은 내 마음속의 여러 '믿음'이 구심점을 이루어 나타난 것이다.

우리 마음 안에 있는 삶의 중심, 믿음, 가치관은 어떻게 만들어질까? 예를 들어 새로운 직장으로 옮길 기회가 생겼을 때 선택 과정을 살펴보자. 일단 선택의 알고리즘에 의해서 내가 가질 수 있는 선택권을 본다.

① 직장을 옮긴다.
② 직장을 옮기지 않는다.

그리고 가치관의 거름망을 통해 걸러내기 시작한다.

① 현재의 객관적 사실

현재 직장의 조건과 이직할 수 있는 직장의 연봉, 적성, 복지, 여가 시간 등의 조건.

② 과거의 직접경험

그동안 직장에서 일한 경험.

③ 간접경험

이 직장은 어떻다저떻다와 같은 간접경험. 주변 사람의 훈수와 조언.
이렇게 몇 번 걸러지고 나면 내가 선택해야 하는 사안에 대한 정보가 모인다.
그다음은 이성적인 부분에 더해 감성적인 부분의 거름망이 작동한다.

④ 감정

일에 대한 직관적인 매력과 감정이 함께 더해져 '직장을 옮겨야겠다'와 '옮기지
말아야겠다'와 같은 감정이 힘겨루기한다.

⑤ 욕구의 크기가 큰 쪽의 소망 선택

감정의 부등호가 더 큰 쪽을 선택.

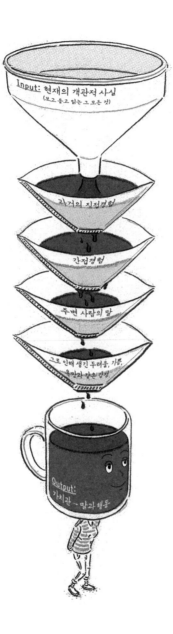

우리는 믿음(가치관)의 녹즙기를 갖고 산다. 살아가며 끊임없이 거름망으로 걸러 삶의 믿음을 만든다. 어떤 이의 야채즙(말과 행동)은 참으로 달콤하다. 좋은 것을 넣어서 그렇다. 좋은 곳에 가서 좋은 사람을 만나고 좋은 책을 읽고 좋은 영화를 보고 행복한 생각을 해서 그렇다.

같은 경험도 내가 그 경험을 어떻게 받아들이느냐에 따라 거름망을 달리 만들 수 있다. 즉 어떤 경험을 하는가도 중요하지만, 그 경험을 어떤 거름망으로 거르느냐도 중요하다. 경험이라는 것은 순수한 결정체가 아니기 때문이다. 가치관의 녹즙기에 제대로 된 거름망을 만들어놓지 않으면 매번 잘못된 선택을 하고 후회하게 된다.

내 삶의 이정표가 되어줄
가치관을 만들어나가자.
믿지 않으면 살 수 없는 존재로서,
믿으려면
제대로 된 것들을
믿고 살아야 하지 않겠는가.

선택이 지닌 의미들

이 옷을 살까,
저 옷을 살까 고민만 하다가 쇼핑몰만 몇 바퀴째.
이 일을 해야 하나 말아야 하나,
이 사람을 만나야 하나 말아야 하나.

선택 = 포기

나는 선택을 한 번 하는 데 시간이 많이 걸린다. 이런 우유부단함이 욕심이 너무 많아서라는 사실을 깨닫는 데는 한참이 걸렸다. 이것도, 저것도 포기하고 싶지 않은 욕심 때문에 '선택'할 수 없었던 것이다. 하나를 선택하면 나머지는 포기하는 것이기에 모든 것을 다 선택하는 방법을 생각하거나, 어떻게 하면 최고의 선택을 할 수 있을까 고민하고 또 고민했다. 그러다 보면 선택할 때를 놓치거나, 어쩔 수 없이 대충 선택하게 되는 경우가 많았다.

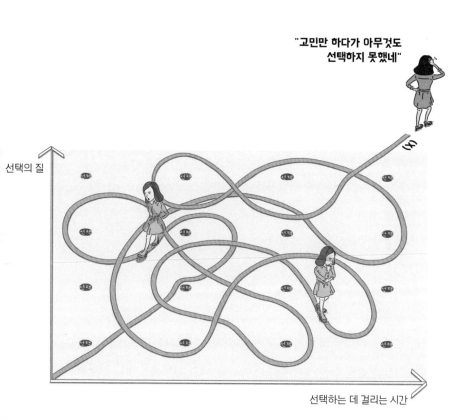

"고민만 하다가 아무것도
선택하지 못했네"

선택의 질

선택하는 데 걸리는 시간

미선택 = 0

선택 = $\dfrac{1}{6}$

여섯 가지 선택지 중에 고민하다가 선택을 못하면 결국은 하나도 못 갖는 것이고, 하나를 선택하면 그래도 $\dfrac{1}{6}$ 은 갖는 것이다. 포기하지 않으려고 선택하지 못하다가 하나도 갖지 못하는 꼴이 되지 말자.

선택 = 책임

선택한다는 것은 그 선택에 책임지겠다는 의미다. 선택하지 못하는 이유는 선택에 뒤따르는 책임이 무서워서가 아니었을까? 책임을 감당할 만큼 매력 있는 선택지인가를 생각해보고 선택해야겠다.

선택 = 직관

선택의 질은 선택하는 데 걸리는 시간과 비례하지 않는다. 급한 선택은 실수를 부르지만 시간을 질질 끄는 것이 능사는 아니다. 내가 선택했던 것들을 살펴보면 알고 보면 처음부터 마음에 뒀던 것이다. 이미 직관적으로는 선택해놓고 이성적으로 자기 자신을 설득하기 위해 근거를 찾고 있었다. 선택의 결과란 결국 그래프 위의 어느 한 점을 직관적으로 선택한 것이다. 시간과 노력을 들였다는 생각 자체가 좋은 선택이었는가에 대한 불안에 위안을 줄 뿐이다.

이 선택이
좋은 선택이었는지는 아무도 모른다.
새옹지마가 될 수도 있고
지뢰밭이 될 수도 있다.
선택은 단지 좌표평면 위의 한 점일 뿐

고민을 많이 했다고
좋은 선택이 되는 건 아니다.

다만 감정 부등호에 의해 선택되었을 뿐이다

다이어트 중이야 〈 지금 쿠키 하나만 먹자

다이어트 중이지만 음식을 먹고 있는 나는 음식에 대한 욕구가 더 컸다.

주말에는 모임에 나가서 오랜만에 친구들을 봐야지
〈
아, 힘들어. 집에서 쉬어야겠어

친구를 만나고자 하는 마음보다 집에서 푹 쉬고 싶은 마음이 더 컸다.

"나의 진짜 꿈은 소설가였어. 그래서 소설을 마음대로 쓰고 있는 네가 부러워."

이 사람의 진짜 꿈은 소설가가 아니다. 이 말의 이면에는
"나는 어쨌든 경제적으로 안정된 대기업 충성 샐러리맨이 된 거야"가 숨겨져 있다.

의식적으로는 소설가라는 꿈을 갖고 있었다 하더라도 무의식적으로는 경제적인 안정이라는 욕구가 더 강했다. 모든 선택은 감정 부등호에 의해 내가 선택한 것이다.

우리는 감정 부등호를 의식할 때도 있지만 의식하지 못할 때도 많다. 의식적인 꿈과 무의식적인 욕망이 일치하지 않는다면 그 목표는 성취되지 않는다. 꿈과 욕망이 서로 다른 방향으로 끌어당기는 상황이 아닌가 점검해야 한다. 그렇다고 과거의 감정 부등호를 후회할 필요는 없다.

다시 그 순간으로 간다고 해도 그렇게 선택할 수밖에 없는 조건이 있을 테니 그렇게 선택할 수밖에 없다. 그때로 돌아가면 다른 선택을 했으리라는 생각은 결과를 알기에 말하는 '사후합리화'일 뿐이다. 선택은 그 당시 나의 어떤 의도와 욕구를 충족하기 위한 행동이었다.

선택에 대한 후회와 원망에서 벗어나는 순간,
생각의 관점이 비로소 실패에서 벗어나
'해결'로 돌아설 수 있다.

선택을 후회하면
자책하면서 아무것도 할 수 없지만,
당시의 감정 부등호에 따른 선택으로 인정하면
그 선택을 책임지려면 지금 무엇을 할 것인지
생각할 수 있게 된다.

사칙연산에도 우선순위가 있다

$$3+4\times5-2 \neq 7\times5-2 \ (= 33)$$
$$= 21$$

더하기, 곱하기, 빼기, 나누기가 섞여 있는 사칙연산.
괄호가 없을 때 더하기나 빼기보다 곱하기와 나누기를 먼저 계산한다.
수학 연산에도 우선순위가 있는데 인생의 선택에도 당연히 우선순위가 있다.
그것은 바로 가족.

계산 순서가 틀리면 답도 틀리듯
삶의 우선순위에 맞춰 풀어나가자.

자식이 서른이 가까워져 오면 이제 부모님도 나이가 먹는다. 그전부터 나이를 먹고 계셨지만 알아채지 못했다. 내가 서른이 가까워져 오자 부모님은 60년을 데리고 살던 몸에 하나둘 이상이 생기기 시작했다. 항상 씩씩할 것만 같던 부모님도 아픈 데가 생겼다.

근무 중이었다. 아무 생각 없이 전화를 받았고 낯선 남자의 목소리가 들려왔다.
"김○○ 씨 따님 되십니까?"
모르는 사람이라는 생각에 이름을 제대로 듣지도 않고 "아니요"라고 말하며 전화를 끊으려고 했다.
"네? 김○○ 씨 따님 되시느냐고요."
그제야 김○○이라는 이름이 귀에 들렸고, 엄마의 이름이라는 것을 깨달았다.
갑자기 몰려오는 불안감.
"네, 맞는데 무슨 일이세요?"
"지금 김○○ 씨가 가슴 통증으로 응급실에 실려 왔습니다. 빨리 오세요."
"네? 어딘데요? 어느 병원인데요?"
나는 놀라서 큰소리로 물었고 눈에는 눈물이 한껏 고였다.

며칠 전 출간된 내 책의 판매지수를 올리겠다고 아파트마다 돌아다니며 책을 소개하는 종이를 붙이고 다니시다가 일이 난 것이었다. 택시를 잡아타고 병원으로 가면서 한없이 눈물만 났다.

지난주 엄마가 내 자취방에 와서 기껏 청소를 해줬건만 내 물건을 흐트려놓았다고, 남의 일기 함부로 보지 말라고 짜증을 냈던 내가 무지막지하게 미웠다. 냉장고 좀 청소하라고 면박 주는 엄마에게 바빠서 힘든 딸한테 와서는 만날 잔소리만 한다고 대꾸했던 내가 너무도 한심했다.

그렇게 자책에 자책을 하며 병원 응급실로 갔고, 몇 개월 후 엄마는 다른 큰 수술을 받아야 했다. 죽음과 마주하며 하루하루 두려움에 떨던 그때, 얼마나 많이 울었는지 모른다.

오늘 내가 한 말이 가족에게 하는 마지막 말일 수도,
마지막 행동일 수도 있다는 게 실감 났다.

그제야 내가 밖에서 누군가를 만나고 일할 수 있는 이유는 든든하게 나를 잡아주는 원의 중심이 있었기 때문이구나, '가족'이라는 중심이 없는 컴퍼스라면 내가 어디에 가서 원을 그리며 컴퍼스 역할을 할 수 있겠는가 싶었다.

다행히 엄마는 우리 곁으로 돌아오셨다.

그리고

·

·

나는 일상으로 돌아왔지만 전과는 다른 일상이었다.
내 인생의 사칙연산에도 우선순위가 있음을,
어떤 순간에도 '가족'이라는 계산식부터 먼저 풀어야 함을,
여러 선택권 중에서 '가족'이라는 선택권을 소중히 여겨야 함을
깨달은 후의 일상이었다.

가족은
여러 가지 기호가 섞인 계산식에서
곱하기나 나누기에 해당한다.
하지만 간혹 꼭 처리해야 하는
회사 일이나 친구와의 일 등 괄호를 쳐야 하는 일이 있다.
사칙연산하는 방법에 맞춰서
계산하지 않으면 답은 틀린다.
후회하지 않을 순서로 계산하기를 바란다.

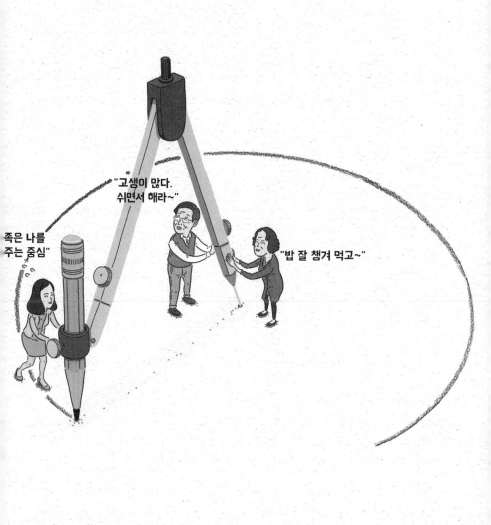

천직의 선택, 성취의 함수

성취 = 투자 시간×효율도

투자 시간 = 오래 버틸 수 있는 일(좋아하는 것, 흥미)

효율도 = 같은 시간에 얻어낸 성과(잘하는 것, 재능)

나는 특별한 꿈이 없었다. 하지만 항상 하던 놀이는, 선생님 놀이였다.

집에 있는 인형들을 앉혀놓고 설명을 하고 잔소리하고 매도 때리면서 노는 게 참 재미있었다. 아무 생각 없이 고등학생이 되었고 공부를 꽤 잘했다. 여느 공부 잘하는 학생들처럼 의대에 진학하는 게 성공이라고 생각했고, 장래희망란에 의사, 한의사 같은 직업을 쓰기 시작했다.

하지만 어릴 때 열심히 했던 선생님 놀이 때문이었을까? 유난히 남을 가르치는 것을 좋아했던 나는 정말 선생님이 되었다. 교대는, 입학하는 순간 직업이 정해지는 것과 다름없다. 물론 용기 있게 다른 길을 걷는 친구들이 아주 간혹 있기는 하지만.

대학생활이 싫지는 않았으나 원래 생각했던 직업이 아니어서였는지, 입시에서 실패한 결과 가게 된 대학이라는 생각 때문이었는지 좀처럼 만족할 수 없었다. 그때부터 심각하게 '적성'에 대해 고민하기 시작했다.

세상에 천직이 있을까?

행복하게 일하는 사람들의 공통점은 자기 자신을 잘 안다는 것이다. 남과 비교해서 보석을 찾아내는 게 아니라 내 안의 것들을 비교해 나만의 보석을 찾아낸다. 그 보석들을 잘 이어 직업을 '천직'으로 만들어낸다. 많은 사람이 천직은 하늘에서 뚝 떨어진 것이라고 생각한다. 그래서 적성에 맞지 않는다고 일을 그만둘 준비만 몇십 년째 하며 일하는 사람도 있다. 타고난 재능은 누구나 있으나 처음부터 재능이 적성이 되는 건 아니다. 재능을 갈고닦을 때 적성으로 변하기 때문이다.

내 안의 보석 찾기

잘하는 것과 좋아하는 것에 대해 고민하는 경우도 많다.

잘하는 것은, 같은 시간을 투자했을 때 성과가 더 좋은 것이다. 타고난 '재능'과 관련이 있다. 좋아하는 것은 '흥미도'로, 그 일을 하며 얼마나 오랫동안 버틸 수 있는가와 관련이 있다. 잘하는 것과 좋아하는 것이 일치하는 게 가장 좋은 건 당연하다. 잘하면 좋아하게 되고, 좋아하면 잘하게 되는 경우가 많다. 하지만 일치하지 않을 때 가장 고민이다. 잘하는데 그다지 좋아하는 건 아니거나 좋아하긴 하는데 잘하는 게 아닌 경우. 잘하는 일을 해야 할지, 좋아하는 일을 해야 할지 고민이 될 테다. 잘하는 것과 좋아하는 것도 모르는 경우에는 이것조차 행복한 고민으로 보인다.

성취 = 투자한 시간×효율도

내가 얼마나 시간을 투자할 수 있는지(흥미, 좋아하는 정도)와 투자한 시간에 비해서 효율이 얼마나 나는가(재능, 잘하는 정도)를 곱하면 내가 성취할 수 있는 정도가 나온다. 성취의 식을 보며 그 값이 가장 큰 것을 결정한다.

자신이 중요하게 여기는 가치관도 크게 영향을 미친다. 나는 글을 읽고 이해하고, 모방하고, 연습해서 글을 썼을 때 가장 효율이 난다. 다른 것보다 좋아하기도 한다. 그래서 어릴 때 하던 선생님 놀이를 교실에서 그대로 하며 동시에 글을 쓰고 있는지도 모르겠다. 아직까지 천직인지 모르겠는 이 일을 천직으로 만들어가려고 노력하고 있다.

지금은 최고의 강사 중 한 명이 된 김미경이 말했다. 처음 강의를 시작했을 때, 강의가 잡히면 오히려 강의가 취소되었으면 했다고, 준비하는 것도 너무 힘들었다고 말이다. 김미경이 강의하는 모습을 보며 '저 사람은 원래 강의를 잘하고 좋아하는 걸 거야. 자기가 좋아하면서도 잘하는 일을 하며 살고 있으니 부럽다'고 생각하는 것은 잘못된 생각이다. 글을 쓰는 내게 어떤 이들은 "그래도 좋아하는 일을 하는 거잖아요. 취미생활하면서 돈도 벌 수 있으니 부러워요"라고 말한다.

재미만 있느냐고? 아니다. 재미있을 때도 있지만 솔직히 힘! 들! 다!

재미도 있고 보람도 있지만 어찌 즐겁기만 하랴.
천직으로 만들어가는 과정은 험난하다.

'천직'을 발견하는 지름길이 '이직'이 아니라는 사실을 알고, 지금 하는 일 안에서 장점을 현명하게 활용하여 천직으로 만들어가는 방법도 고려해보자.

아무 생각 없이 현재의 직업을 선택한 것 같아도 분명 무언가 나를 끌어당기는 매력이 있었기 때문에 현재의 일을 하고 있는 것이다.

천직은 만들어가는 것이다.

나만의 흥미 보석과 재능 보석을 찾아내어
성취 함수에 잘 넣어
재능을 적성으로 만들어가고
직업을 천직으로 만들어간다.

내 안의 보석 찾기

나이에 따른 성숙도와 청춘도 그래프, 즈음이즘

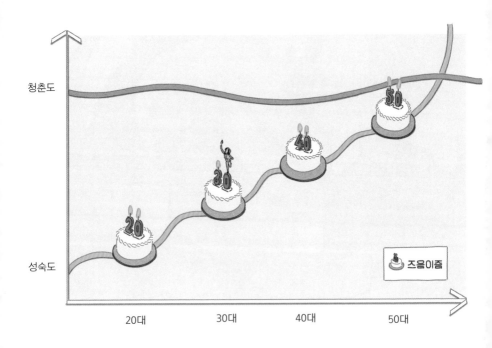

내 인생이 서른만 넘으면 송두리째 바뀌어버릴 것 같았다. 신나게 수다를 떨다가도 "너 곧 서른이야"라는 말에 기가 죽어버렸다. 인간의 수명은 연장되었다고 하는데, 서른에 대해 느끼는 여자의 감정은 달라지지 않는다.

그런데 지나고 나면 생각보다 별거 아니라는 생각을 한다.

보이지 않을 때,
다가오지 않았을 때 더 두려운 법이다.

서른에 대해 느끼는 감정은 스물일곱, 스물여덟, 스물아홉이 되면서 극대화된다. 그 두려움은 막상 서른이 지나면 나아지는데 그전까지는 서른 증후군에 시달린다. 젊고 아름답고 톡톡 튀는 20대의 매력은 더운 날 녹아버리는 솜사탕처럼 사르르 녹아가고, 뭐 하나 해놓은 게 없는 것 같은 자괴감은 곧 터질 풍선처럼 부풀어 오르고, 괜찮은 남자는 두더지게임 하듯 들어가 버리는 것 같다. 여자의 인생은 참으로 짧은 것 같다는 생각이 든다.

서른이라는 무게감은 귀여운 척하는 애교나 발랄한 옷은 왠지 나와 어울리지 않는 것으로 만들어버린다. 서른이 지나면 몸값이 떨어진다는 말은 마치 시장에서 파는 떨이제품이 되어버리는 듯해 씁쓸해진다. 서른이면 멋진 커리어우먼이 되어 있을 것 같았고 더 섹시해질 것 같았다. 어떤 일이든 더 현명하고 멋스럽게 시작하고 끝낼 수 있으리라 생각했다.

대학생활, 그리고 어느 정도 익숙해진 직장생활을 지나오면서
열심히 살았던 나.
하지만 아직도 방황하는 사춘기 소녀 같은 서른 즈음의 여자.
그런데 이 방황은 아무리 나이가 들어도 멈추지 않을 것만 같다.

서른을 앞두고, 마흔을 앞두고, 쉰, 예순, 일흔, 10년 단위로 찾아오는 즈음이즘. 나이 듦을 거부할 도리는 없다. 아무리 열심히 젊음을 지키려 해도 우리는 나이를 먹는다. 계절의 변화와 마찬가지로 나이 듦도 인생이라는 자연스럽고 아름다운 순환 과정의 일부분일 따름이다.

서른, 마흔, 생일케이크에 꽂힌 촛불의 개수가 불안을 만들지만 우리가 청춘에 작별을 고하는 순간, 자유로운 마음가짐마저 잃어버릴 것이다.

●

즈음이즘을 거부하지는 않으려다.
그것 역시 성장의 과정이니까.
나이가 들어 흔들리는 정도가 줄어들 수는 있어도
흔들리지 않을 수는 없으니까.
즈음이즘을 겪고 난 후 나는 더 성숙해졌으리라 믿으니까.
단, 나는 평생 청춘에 작별인사를 하지 않을 것이다.

나이가 들수록 지혜가 깊어지길.

나이가 들수록 웃음이 많아지길.

나이가 들수록 아름다움은 짙어지길.

나이가 들수록 쓸데없는 고집은 줄어들길.

나이가 들수록 세상 보는 눈은 넓어지길.

고차원 방정식이 되어가는 나이 듦

10대 : 1차 방정식

$y=2x+3$ (x = 친구, 성적)

20대 : 2차 방정식

$y=3x^2+x+4$ (x = 취업, 연애, 결혼)

30대 : 3차 방정식

$y=4x^3+3x^2+2x+5$ (x = 결혼, 임신, 직장생활, 양가 어른, 집, 차)

40대 : 4차 방정식

$y=5x^4+6x^3+4x^2+2x+1$ (x = 결혼생활, 노후, 부모님, 자식, 건강)

그 나이에는 그 고민이 가장 큰 것 같은데
나이가 들수록 인생 방정식은 고차원이 되어간다.
방정식에 답이 있기는 할까?

나이에 따른 걱정과 책임이 어깨를 짓누를 때면 교실에 앉아 있는 아이들에게 말하곤 한다. "너희들은 좋겠다." 그러면 아이들은 "왜요?"라고 묻고 나는 "어리잖아. 초등학생이잖아"라고 대답해준다.

'어린 시절이 좋았지. 아무 생각 없이 뛰어놀고 학교 다니고. 아, 돌아가고 싶다.'

그러면 아이들은 걱정이 없을까? 아이들의 일기장을 보면 학원 숙제가 너무 많아서 걱정, 친구들 사이의 관계에서 걱정, 부모님한테 자꾸 혼나서 걱정, 시험점수 때문에 걱정, 걱정, 걱정 투성이다. 그리고 어른이 되면 이 모든 걱정에서 해방될 거라고 생각한다.

생각해보면 나 역시 어릴 적 그런 고민을 했던 것 같다.
10대 때는 친구가 세상의 전부고 성적이 인생의 전부인 줄 알았다.
20대가 되니 또 새로운 세상이 펼쳐지고 그에 맞는 고민이 생긴다.
30대가 되니 차원이 다른 인생의 무게감이 느껴진다. 40대, 50대에는 더 그러겠지.
지금 이 고민만 해결되면 다음은 걱정할 게 없을 거 같지만 그 후에는 더 복잡한 문제가 기다리고 있다.

물고기를 옮길 때 천적을 같이 넣어주어야 한다.
그래야 물고기가 더 싱싱하고 건강하게 살 수 있다.

인생에서 걱정과 고민은 같이 가야 할 동반자이기에
어떤 나잇대와 어떤 상황에 있든
'저 사람은 고민이 있을까?' 싶은 사람들도 다 고민은 있다.

큰 슬픔이 작은 슬픔을 잊게 하듯
나이가 들면서 풀어야 하는 문제가 어려워지면서
작은 문제들은 쉽게 보인다.
우리는 과거를 미화하여
기억하는 축복을 누린다.

사랑

인생은 30부터

사랑에 있어서만큼은 갑질은 그만.
이 사람을 어떻게 더 사랑할 수 있을까를
생각하게 만드는 사람,
그런 사람과 사랑하자.

남자와 여자는 필요충분조건이다

사랑을 통해 남자는 여자로부터, 여자는 남자로부터 필요로 하는 것을 얻는다.
수요와 공급이 일치하지 않으면 관계는 유지되기 힘들다.
너무 자본주의적인가?

드라마에서는 상처가 있는 재벌 2세 훈남이 캔디형 여자를 좋아하는 이야기, 능력 있고 예쁜 여자가 가난한 청년을 좋아하는 이야기가 나온다. 그들은 서로에게 색다른 매력을 느끼고, 상처를 보듬어주고, 다른 한쪽으로부터 무언가를 얻는다.

능력이 마음에 들어서든, 그 사람에게 위로를 받아서든, 육체적인 관계가 좋아서든, 눈에 보이는 것이든 눈에 보이지 않는 것이든,
필요한 것과 충분해서 주는 것이 일치하기에 관계가 유지된다.

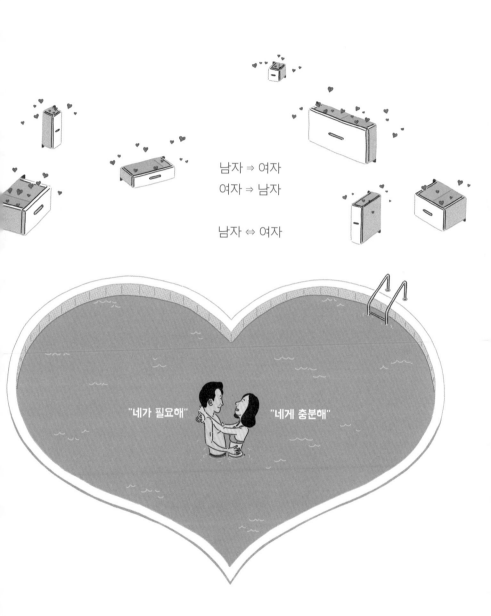

그것이 물질적인 것이면 속물이고 감정적인 것이면 순수하다고 치부하는 것일 뿐, 서로가 중요시하는 게 다를 뿐, 서로에게 얻는 것들이 사랑의 감정을 더 크게 한다.

그렇다면 사랑이란 서로 필요한 걸 재고 계산해서 서로에게 빠지는 감정이라는 것인가? 단순히 느낌이 좋고, 그냥 좋을 수 있는 것 아닌가? 필요충분조건에 의해 빠지는 것은 분명하지만 그것을 계산하는 게 아니라 서로에게 필요한 것을 무의식적으로 감지한 후, 매력을 느끼고 빠져들게 된다.

내가 무엇을 얻고 있는지를 느끼거나 재지 못하고,
나머지를 객관적으로 보지 않고
과대평가하게 만들어버리는 감정이 곧 사랑이다.

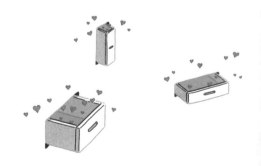

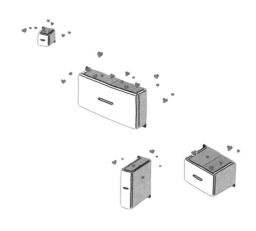

사랑은 인간이 관장할 수 있는 감정이 아니다. 그리스로마신화에서는 사랑을 에로스 신의 장난이라고 생각했다. 사랑은 자기 의지로 되는 감정이 아니므로. 그렇기에 끼리끼리 만난다는 말이 나온다. 겉으로 보기에는 한쪽이 무척이나 아까워 보여도 사실 서로에게 필요한 것을 취하고 있다는 것. 즉 아까운 커플은 없다.

그러니 내가 괜찮은 사람이 되어야
괜찮은 사람을 만날 수 있다는 불변의 법칙.

사랑의 갑질

연애할 때 바쁜 사람은 갑이다. 바쁘지 않은 사람은 바쁜 사람을 기다릴 수밖에 없다. 어쩔 수 없는 상황에서 만들어지는 갑을관계지만 갑은 을에게 말한다. 왜 이해해주지 못하느냐고. 그러면 을은 말한다.

"아무리 바빠도 문자 한 번 할 시간이 없어?"

바쁘고 힘든데 투정하는 을을 보면서 갑의 마음도 편치만은 않지만 을의 마음을 이해하지 못하는 갑은 연애에서 갑질을 하고 있다. 한가한 을은 바빠지고 싶기까지 하다.

사랑의 감정에 등호만 있다면 참 안정적일 테지만 부등호의 관계가 성립되는 경우가 많다. 하지만 헤어진 후 갑과 을이 바뀌기도 한다. 사랑할 때 을이었던 사람은 미련이 없다. 갑질을 했던 사람은 후회와 미련이 남는다.

사랑 갑   사랑 을

덜 사랑하는 사람 > 더 사랑하는 사람

더 바쁜 사람 > 덜 바쁜 사람

아무것도 안 해도 되는 사람 > 사랑받기 위해 무언가를 하는 사람

한쪽에서 계속 갑질을 한다면 생각해보자.

혹시 허수 사랑은 아닌가?

그 '사람'이 아니라 '사랑'에 익숙해져서,

꼭 내 옆에 있어야 하는 사람이 아닌데도

빈자리가 견디기 힘들어 옆에 두고 있는 건 아닌가?

서로에게 배려와 진심이 있으면 사랑에서 갑과 을은 없다.

서로 어떻게 하면 더 사랑할까를 생각하면

둘 다 갑이 되는 연애를 하게 될 테지.

사랑에 있어서만큼은 갑질은 그만.
이 사람을 어떻게 더 사랑할 수 있을까를
생각하게 만드는 사람,
그런 사람과 사랑하자.

사랑에도 자제력은 고갈된다

심각한 상황이다. 여자는 삐졌고 남자가 사과하며 달래준다. 길거리를 지나다니다 보면 자주 보이는 장면이다. 여자가 삐지고 남자가 그 삐짐을 풀어주는 데 쓰는 에너지를 모았다면, 나라의 중대사를 하나 해치웠을 것 같다. 같은 여자인데도 그런 생각이 든다. 물론 내 일은 힘들고 남의 일에 훈수 두는 것은 쉽지만, 나이가 들어 여자들이 공통으로 하는 말은 "지금 생각해보면 그땐 왜 그랬을까 싶어. 별거 아닌 일에도 삐지고 남자를 지치게 했던 것 같아"이다.

과학자들이 자제력에 관해 간단한 실험을 했다. 한 집단의 아이들에게는 초콜릿을 주었고, 다른 집단의 아이들에게는 무를 주었다. 그것을 먹고 난 후, 수학 문제를 주면서 풀라고 했다. 어느 집단이 더 잘 풀었을까? 초콜릿을 맛있게 먹은 집단의 정답 개수가 더 많았다. 물론 원래 두 집단의 수학 실력은 비슷하다.

무를 먹은 집단은 초콜릿을 먹는 집단을 보며 먹고 싶은 욕망을 참아야 했다. 이미 자제력이 고갈된 상태에서 수학 문제를 풀었으니 자제력이 고갈되지 않은 아이들보다 집중력이 더 떨어졌다. 이것으로 인간의 자제력에는 한계가 있고, 전에 자제력을 사용했다면 뒤로 갈수록 자제력을 발휘하기가 힘들어진다는 결론이 나왔다.

사랑에도 역시 자제력이 있다.

누군가에게 무언가를 요구하면 그 요구를 받은 사람은 자신의 무언가를 포기해야 한다. 여자친구가 삐져서 울고 있을 때 위로하고 달래주는 남자친구는 자신의 감정을 참아야 한다. 남자친구가 연락이 안 되는 경우가 많아지면 여자친구는 남자친구를 걱정하고 의심하면서 스스로를 미워하며 분노하는 감정을 참아야 한다.

"나도 더 이상은…"

사랑을 반복해가며 처음에는 모난 돌이었던 남녀가 둥글게 변해간다. 남자는 여자에게 연락해주고 공감해주는 센스를 배워가고, 여자는 남자에게 좀 더 너그러워지는 방법을 배워가니 말이다.

연인이든 친구든 직장동료든 사람 관계에서
희생의 파이는 일정하다.

여자가 $\frac{1}{6}$ 을 희생하고 있다면 남자가 $\frac{5}{6}$ 를 희생하고 있다.

여자가 $\frac{3}{4}$ 을 희생하고 있다면 남자는 $\frac{1}{4}$ 을 희생하고 있다.

관계에 따라서는 전체 희생의 파이가 작아서 양쪽이 희생해야 하는 전체 양이 적을 수도 있다. 하지만 희생의 파이가 없을 수는 없다. 어떤 관계든 내가 희생을 적게 하고 있다면 상대가 희생을 많이 하고 있는 것이다.

사랑을 하며 건강하게 관계가 오래 지속되려면
희생의 파이를 잘 나눠야 한다.
사랑의 자제력이 고갈되어
사랑의 배터리가 방전되기 전에 서로 노력하자.

나 자체를 사랑해주는 사람?

① 나 = 성격+가치관+경험 (X)
② 나 = 성격+가치관+경험+돈+외모+집안+직업 (O)

나는 ①이 아니라 ②다.
'나'의 많은 부분은 환경적인 조건에 의해서 만들어진다.

사랑을 할 때, 상대가 나를 왜 좋아하는가를 끊임없이 궁금해하고 의심쩍어한다.
나의 외부적인 요인이 사라져도 좋아할까 싶어서 돈이 없는 척하는 재벌이
드라마에 심심찮게 등장한다. 연인에게 조건 없는 사랑을 바라는 건 욕심일까?
외적인 요인, 즉 대부분 사람이 생각하는 돈, 직업, 집안 등을 뺀 나머지가
진짜 나의 본질이라고 한다면,

정말 '나'를 좋아하는 것의 경계선은 어디까지일까?

외모는 외적인 요인이 아닌가?
돈이 없어져도 나를 좋아하기를 바란다면,
늙어도 나를 좋아할 것인가는 어떻게 믿을까?
그럼 얼굴도 가리고 사귀어야 한단 말인가?

나 = 성격+외모+(돈+집안+직업)+종교+ …

괄호 친 부분을 빼면 나일까?

그건 '나'가 아니다. 외적인 요인과 내적인 요인이 모두 있어야 '나'가 된다.
한 여자가 한 남자를 소박하게 사랑했는데 갑자기 그 남자가 재벌이라고 한다면?
남자는 자신을 온전히 사랑해준 여자를 찾았다고 좋아했지만 그 여자가 사랑했던
건 다른 남자다. 어느 드라마에서 실제 그런 이야기가 나온다. 처음에 당황했던 여
자는 그 남자가 재벌임을 받아들여 결혼하지만 결국 짧은 결혼 기간에 마침표를
찍고 만다. 그 여자가 사랑했던 건 다른 남자이기 때문이다.

'지금 내가 가진 것을 갖고 있지 않아도 저 사람이 나를 사랑해줄까?'

나는 그 사람의 외적인 조건을 사랑한 게 아니라
순수하게 성격만 보고 좋아했다고?
그 사람의 성격 또한 환경과 직업에 의해 형성된 부분이다.
아무리 대단한 사랑도 현실의 무게를 견디기 쉽지 않고,
처음부터 순수하고 고결한 사랑은 없다.

타인과의 사랑은 처음부터
무조건적이고 완벽한 것이 아니라
점점 키워나가고 가꿔나가는 것이 아닐까?

사람과 사람 사이의 거리

밀접 거리(intimate distance) : 46cm 이내

애무를 나눌 수 있을 정도로 가깝지만 폭력을 행사하거나 상처를 줄 수 있는 거리

개체 거리(personal distance) : 1.2m 이내

상대의 체취를 느낄 수 있어 친밀감을 느끼지만 동시에 불쾌감을

주고받을 수도 있는 거리

사회 거리(social distance) : 1.2~9m

사무적인 상호작용이 이루어지는 거리

공적 거리(public distance) : 9m 이상

공연자와 관객처럼 서로를 관찰자로 지켜보는 거리

– 에드워드 홀, 문화인류학자

나는 사람들과 일정한 거리를 유지하려고 하는 사람이다.

불편한 관계가 되는 것보다 어느 정도의 관계를 유지하는 게 더 좋다고 생각한다.

어쩌면 상처받기 싫어서, 인정받을 만한 좋은 모습만 보이려고 그랬는지도 모른다. 더 가까워지는 데 나도 모르게 두려움을 느끼고 선을 그어왔던 건 아닐까?

"우리는 한 번도 갈등이 일어난 적이 없어."

이 말은 어느 한쪽이 꾹 참고 있거나 그만큼 가깝지 않은 관계라는 말이다.

거리가 멀수록 안전하지만, 친밀해질 수도 없다.

누군가로부터 상처를 받았다는 것은 그만큼 가까웠다는 것이다.

가족은 세상에서 누구보다도 사랑하는 사람들이지만 서로 상처를 쉽게 주고받을 수 있는 관계이기도 하다. 연인도 마찬가지다. 누군가에게 상처받았다면 그 사람과 가까운 사이라는 말이다. 사랑에 있어서도 마음을 열고 상처받을 준비가 되어 있지 않으면, 일정한 관계 이상으로 가까워지지 않는다. 타인과 친해지는 방법 가운데 하나는 '자기 노출'이다.

나를 드러내는 것은 타인에게 상처를 허락했을 때 가능한 일이다.

나를 드러내는 것은 스스로를 인정할 줄 알면 가능하다.

다른 사람의 인정에 연연하지 않을 수 있을 때,

타인을 위한 공간의 문을 열어놓을 수 있다.

"넘어오지 마, 상처받을 거야"

타인과의 거리를 좁힐 줄 아는 사람,
타인에게 먼저 다가가기도 하고
타인이 다가올 수 있도록 하는 사람,
그런 사람이 되고 싶다.

"가까워지고 싶은데…"

좋은 만남 vs 나쁜 만남

헤어진 후

좋은 기억 > 나쁜 기억 : 좋은 만남
좋은 기억 < 나쁜 기억 : 나쁜 만남

"나는 그 사람과 모든 것을 함께했어.
그런데 어떻게 문자 한 통으로 모든 관계가 끝나니? 너무 억울해!"

억울하다. 무척이나 억울하다.
그러면 도대체 연애는 왜 하는 걸까?

이성적으로 생각하면 정말 이해 안 되는 게 사랑이지만 한 사람과 함께한다는 것은 그 사람의 인생을 내 인생에 더하는 과정이다. 사귀기 시작하면 그 사람이 어떤 인생을 살아왔는지, 어떤 가정환경에서 자라났는지, 어떤 성격을 가졌는지 시시콜콜 다 알 수 있다. 친구 사이에서도 쉽게 하지 않는 말을, 부모형제와도 하지 않는 말을 발가벗은 듯 내놓는다.

내가 그 사람 앞에 다 발가벗겨졌다가 없는 사람처럼 잊혀도 어쩌겠는가.
나도 그 사람을 구석구석 알아왔지 않는가.
사람 공부에 연애만 한 게 없다.
그게 가장 큰 소득이자 대가다.
연애야말로 정해진 틀에서 벗어나 일상에서
모험을 즐길 수 있는 가장 효과적인 방법이다.

그 사람을 만나서 상처를 받았거나 시간 낭비했다는 생각이 들지라도,
함께하며 얻었던 위로와 따스함이 더 많이 남아 있을 때,
좋은 연애를 했다는 생각이 든다.
아무리 예쁜 색깔로 그림을 그려도
검은색 물감으로 붓질하면 흰 도화지만도 못하다.
나쁜 기억이 강렬하면 괜한 사람 공부를 했구나 자책하는
나쁜 연애가 된다.

어떤 사랑을 하든 좋은 기억이 나쁜 기억보다
0.1g이라도 많았으면 하는 것은 욕심일까?

사랑은 남자의 인생 그래프와
여자의 인생 그래프가 합쳐지는 것

누구에게나 인생 그래프가 있다. 그 인생 그래프에는 최고점을 찍었을 때도, 최저점을 찍었을 때도 그려져 있다. 가장 행복했던 순간도, 가장 슬펐던 순간도, 내 인생을 채우는 단어들도 함께 들어 있다. 과거의 그래프와 현재의 그래프, 내가 그리고 싶은 미래의 그래프가 함께 들어 있다.

한 사람과 한 사람의 만남은

하나의 인생 그래프와 또 다른 하나의 인생 그래프의 만남이다.

따로 있던 한 사람의 과거, 현재, 미래의 그래프를

함께 만나 그려가는 것이다.

사랑은 그 사람의 그래프를 받아들일 수 있을 때 할 수 있다.

Q : 그 사람을 사랑하지만 그 사람의 과거를 받아들일 수 없다면?

과거의 그래프를 받아들여야 비로소 앞으로의 인생 그래프를 그려나갈 수 있다.
과거 또한 그(그녀)다.

Q : 만나긴 하는데 서로 미래에 대해 말하지 않는다면?

만난 지 어느 정도 되었는데도 한쪽이 미래에 관한 이야기를 피한다면, 두 사람의
인생 그래프가 아직 함께 그려지고 있지 않다는 말이다. 미래를 꿈꾸다가 헤어지
기도 하고, 어쩌다 보니 정이 들어 영원한 미래를 약속하기도 한다. 하지만 현재를
함께하며 미래도 함께할 수 있는 사랑, 현재와 미래가 통일된 사랑만큼 행복한 사
랑이 있을까?
미래를 이야기하는 게 꺼려진다면 다시 한 번 생각해보자.
어린 시절 소꿉놀이처럼 사랑을 흉내 내는 놀이를 하고 있을지도 모르니까.

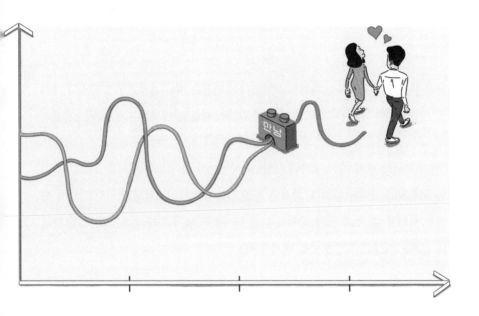

사랑 그래프는 '0'부터 시작하기

전에 남자친구가 바람을 피워서 헤어졌다는 여자는 지금 남자친구가 모임만 나가
도 예민해진다. 전 여자친구가 어느 날 갑자기 마음을 바꾸었다는 남자는 현재의
여자친구가 마음이 바뀔까 봐 매일 좌불안석이다.

"한 번도 상처받지 않은 것처럼 사랑하라"는 말이 와 닿는다면 사랑을 통해 상처
받아본 적이 있다는 증거다. 과거의 사랑으로 심하게 상처받았던 사람은 다시 사
랑을 시작할 때, 잊고 있던 상처가 다시 따가워질 때가 있다. 상처받은 사랑 때문
에 새로운 사랑에 편견을 가질 때가 있다.

모든 인연에는 쓰임이 있다.

과거의 사랑에 의해 달라진 무언가가 있을 것이다. 돌이켜보면 그 사람을 만나는 데 설명하지 못하는 힘이 있었다. 당시 나의 감정, 무의식적으로 원했던 것들이 그 사람을 만나게 했고 사랑하게 했다는 것을 느낀다면, 과거의 상처가 더는 나를 괴롭힐 수 없음을 깨달을 것이다. 그때로 다시 돌아간다 해도 같은 상황이라면, 또 같은 사랑을 하고 있을 것이기 때문에.

'0'이라는 것은 가장 희망적인 숫자다.

아무것도 담겨 있지 않아서 어떤 값으로든 변할 수 있다. 과거의 기억이 나를 괴롭히고 있다면 아직 0이 되지 않아서다. 사랑의 상처는 새로운 사랑으로 치유된다고 하지만, 또 다른 상처를 남기고 싶지 않다면 새로운 사랑의 그래프, 그 시작은 어떤 후회도 자책도 편견도 갖지 않고 0부터 시작해야 한다.

part
03

인생

인생은 답이 하나 있는 방정식이 아니라,
모든 게 답이 될 수 있는 항등식이기 때문이다.

느끼는 것 〈 경험한 것

감동하다, 뭉클하다, 감격스럽다, 벅차다, 황홀하다, 충만하다, 홀가분하다,
편안하다, 상쾌하다, 만족스럽다, 느긋하다, 담담하다, 흥분되다, 두근거리다,
기대에 부풀다, 기운이 나다, 평화롭다, 가볍다, 반갑다,
행복하다, 포근하다, 감미롭다

사람이 느낄 수 있는 감정은 단어로 다 표현하기 힘들 정도로 많다. 같은 빨간 계
열의 색일지라도 섬세하게는 그 빛깔에 차이가 있듯 슬픔의 빛깔도 다양하고 즐
거움의 빛깔도 다양하다.

감정도 익숙한 감정만 느낀다. 경험해보지 못한 감정은 단어로만 존재하고 실제
로는 존재하지 않는 가상 감정이다.

격정되다, 안타깝다, 좌절하다, 멍하다, 질투 나다, 억울하다, 김빠지다,
외롭다, 속상하다, 조마조마하다, 긴장하다, 진땀 나다, 불편하다,
겸연쩍다, 어색하다, 노곤하다, 분하다

사랑을 느껴보지 못한 사람은 죽을 듯이 사랑하는 사람들이 이해가 안 된다. 모험의 쾌감을 느껴보지 못한 사람은 모험하는 사람들이 이해가 안 된다. 여행의 즐거움을 느껴보지 못한 사람 역시 시시때때로 떠나는 사람들이 이해가 안 된다.
백날 책으로 읽고 TV로 봐도 내가 경험한 것 이상은 느낄 수 없다.

풍요롭게 느끼고 싶다면 경험을 많이 해야 한다.

행복을 경험해본 적 없을 때 다른 사람들이 행복하다고 하면 가식이라고 생각한다.

칭찬받아본 적 없는 어린 시절을 보냈다면 누군가가 자신을 칭찬하면

'나한테 왜 잘 보이려고 하지?'

'거짓말로 저렇게 말하는 건 아닌가?'라고 생각한다.

올바른 사랑을 받아본 적이 없으면 내가 받고 있는 사랑이

진짜인지 가짜인지 모른다.

좋은 아빠 아래서 자라난 아이가 좋은 남자를 고르는 이유도

내가 느끼고 경험해봤으므로 어떤 사람이 좋은 사람인지 알기 때문이다.

자식을 키운다면 그 어떤 유산보다도 좋은 경험을 통해

풍부한 감정을 물려주는 게 좋다.

좋은 것을 경험해본 사람이 좋은 것을 가질 수 있다.

사람이 느끼는 것은 경험한 것을 넘지 못한다.

'결국 그 일은 몸만 힘들고 돈은 안 된대.'
'별거 없어. 그런 거 할 시간에 돈이나 벌어.'

자신의 손에 닿지 않는 포도를 보며
'저 포도는 실 거야'라고 생각하는 여우처럼
무언가를 '신포도'로 만들며
마음의 위안으로 삼고 있는 건 아닐까?
경험 뒤에 펼쳐지는 새로운 세계를 경험하기도 전에
단지 두려움으로 새로운 경험을
사막의 신기루로 만들고 있는 건 아닐까?

내가 느끼는 것은 경험한 것을 넘지 못한다.
곳곳에 숨어 있는 감정의 세포를 깨울
다양하고 좋은 경험을 해봐야겠다.

"분명히 실 거야~"

"음…"

인생은 경험×감정의 합이다

인생은 곧 경험의 합이다. 그렇다면

인생 = 경험1 + 경험2 + 경험3 + 경험4 …

이렇게 나타낼 수 있을까?

우리는 경험한 것을 그대로 기억할까?

노벨 경제학상 수상자인 대니얼 카너먼은 대장 내시경 시술 환자를 대상으로 실험을 했다. 대장 내시경은 끔찍이 고통스럽다고 하는데, 고통을 경험하는 것과 경험한 고통을 기억하는 것이 어떤 식으로 사람의 판단에 영향을 주는가 하는 실험이었다. 환자를 A그룹과 B그룹으로 나누고 환자들에게 시술 시 1분마다 고통의 수준을 1~10으로 평가해서 말해달라고 부탁했다.

A그룹은 고통의 수준이 최고조에 달했을 때 내시경을 끝냈고, B그룹은 시간은 좀 더 걸렸지만 고통의 강도를 서서히 줄이면서 내시경을 끝마쳤다. A그룹과 B그룹 중 어떤 그룹이 더 고통을 많이 받았다고 느꼈을까?

연구 결과 고통의 총량이 훨씬 더 높은 B그룹이 공포심이 훨씬 더 낮았다. '고통의 경험 그 자체'보다 '고통의 기억'이 더 깊게 각인된다는 사실을 알 수 있다. 또한 시술 시간은 별로 영향을 주지 않는다는 것도 알아냈다.

객관적인 경험보다 그것을 어떻게 느끼느냐가 중요하다.
같은 것을 경험해도 어떻게 느끼느냐에 따라 전혀 다른 경험이 된다.
따라서 인생은 경험의 총합이 아니라 경험과 감정의 곱의 총합이다.

인생 = 경험1×감정+경험2×감정+경험3×감정 …

감정은 마지막에 정리된다. 일이든 사람과의 관계든 훈훈하게 마무리해야 하는 이유가 여기 있다. 살다 보니 이런 일도 생기는구나 싶은 일을 겪더라도, 어느 누구를 위해서가 아니라 나 자신을 위해서 끝은 해피엔딩으로 만들어보는 것이다. 합리화하는 게 아니냐고?

어떤 일이 '현실'로 일어나는 순간 이미 객관성을 잃는다.
주관에 오염되어 기록되거나 기억될 뿐이다.

이왕이면 행복하게 기억하는 게 좋지 않은가?
우리는 우리 마음대로 기억할 수 있는
바보 같은 뇌 덕분에
내 삶을 사랑하는 특권을 누릴 수 있다

인생은 방정식*이 아니라 항등식**

[방정식]

$3x+2 = 14, x = 4$

[항등식]

$(2+3)x = 2x+3x, x = 모든 수$

방정식은 미지수 자리에 들어갈 수 있는 답이 하나다.
항등식은 어떤 수도 다 성립하는 식이다. 즉 인생에 정답은 없다.
누가 이 인생은 옳고, 저 인생은 그르다고 판단할 수 있겠는가.
설사 나 자신이 그려온 인생의 흔적이 끔찍이 싫더라도
나는 그 순간 최선을 다했고 내 인생을 잘 살아왔다.

---

* 어떤 문자가 특정한 값을 취할 때만 성립하는 등식
** 식에 포함된 문자에 어떤 값을 넣어도 언제나 성립하는 등식

인생은 답이 하나 있는 방정식이 아니라,
모든 게 답이 될 수 있는 항등식이기 때문이다.

인생의 변곡점

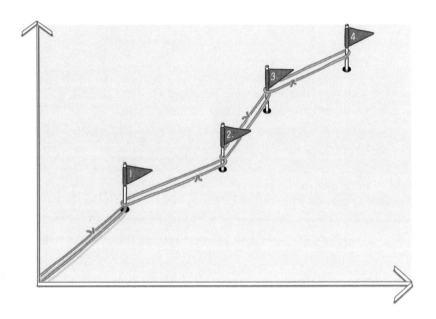

삶의 기울기가 바뀌는 그 순간들이
내 인생을 만들어간다.

그렇기에 변곡점을 만나는 그 순간을 두려워하지 말자.
또 다른 함수가 기다리고 있으니까.

인생=X 라는 함수는 너무도 다양하다.

게다가 불규칙 함수라 언제 변곡점이 나타날지 모른다.

인생에서 갑작스러운 변화는 입학, 취업, 연애, 결혼, 출산처럼

대부분 사람이 경험하는 사건으로 일어나기도 하고,

다른 사람과 다른 특별한 기억들로 일어나기도 한다.

초두 효과와 말미 효과가 있다.

시작과 끝은 기억이 잘 난다는 것인데,

마찬가지로 인생에서도 모든 일이

다 기억나는 게 아니라 인생 그래프의 특별한 순간들,

큰 변화가 있었던 변곡점만 기억이 난다.

유치원이라는 곳에 가서

시끄러운 친구들 사이에서 부끄러워 구석에 서 있었던 기억,

두근대는 심장을 잡고 큰 웅변대회 무대에 올라

"이 연사 외칩니다!"를 부르짖었던 기억,

입학식에서 1학년 4반임을 알려주는 초록색 천을 옷에 매달았던 기억,

동생이 태어나 보드라운 살결에 뽀뽀를 퍼부어대던 기억,

소풍 때 친구들과 장기자랑을 했던 기억,

하얀 건물이 무섭고 크게만 보이던 추운 3월

단발머리를 하고 처음 중학생이 되던 기억,

다른 학교로 전학을 가던 날,

처음으로 밤 10시까지 자율학습을 하고

늦은 밤공기를 마시며 집으로 돌아가던 날,

일요일도 학교에 나가서 공부해야 했던 고3 점심시간

햄버거 가게에서 점심을 사 먹던 날,

경찰차 타고 겨우 시험장에 들어가던 수능 날,

처음으로 대학 기숙사에 들어가 짐을 정리하던 날,

남자친구라는 사람이 생긴 날,

처음으로 직장생활을 시작하던 날,

조그마한 변곡점들이 내 인생의 그래프를 변화시킨다.

그래프의 기울기와 모양이 변하는 인생의 변곡점은
기쁨이 되기도, 시련이 되기도, 특별한 만남이 되기도 한다.

누구나 인생에서 관성의 법칙을 따른다. 다른 일을 새로 시작하게 될 때, 그렇게도 벗어나고 싶은 일이었음에도 그냥 하던 일을 하며 살고 싶은 관성의 욕구가 나를 붙잡는다.

대학을 졸업하고 정식으로 교사 임용 발령을 받기 전, 지방으로 내려가 기간제 교사를 잠깐 했다. 얼마 후 발령을 받고 서울로 떠나기 전날, 그렇게도 가고 싶은 서울이었는데도 또 부모님을 떠나 새로운 생활을 시작한다고 생각하니 너무도 두려웠다. 시골에서는 절대 일하지 않겠다던 나였는데 그냥 있던 곳에서 있고 싶다는 생각을 얼마나 했는지 모른다. 그때 아버지가 내게 한마디 해주셨다.

"군대도 제대할 때가 되면 나가기가 두려워지더라.
누구나 변화는 두려운 법이야."

남자들이 두 번 다시 쳐다보고 싶어 하지 않는 군대조차도
막상 떠나려면 두려워지는 법인데 어떤 변화든 마찬가지일 것이다.

인생의 그래프를 변화시킨다는 것은 에너지가 필요한 일이다.
그만큼 인생의 변곡점을 만드는 일은 쉽지 않다.

내가 기억하는 내 인생의 순간은 모든 변곡점을 합한 수이다.
같은 100년을 살아도
어떤 사람은 기억하는 양이 더 많을 것이고,
어떤 사람은 더 적으리라.

내 삶의 함수를 다양하게 변화시키는 것은
같은 시간도 더 길게 사는 방법이다.

걱정의 연쇄반응

나이를 많이 먹지는 않았지만,

한 살 한 살 나이가 들어가면서 조금씩 마음이 편해진다.

그 이유는 걱정해서 될 일과

걱정해도 소용없는 일을 구분하는 게 좀 더 수월해졌기 때문일지도.

갑자기 밀려오는 불안감과 수치심으로부터 off 스위치를 누르며

"됐어, 몰라, 냅둬"를 외치는 것, 현명한 무책임함을 허용하고

'망각' 버튼을 눌러버리는 일은 그 누구도 아닌 나 자신을 위한 일이다.

걱정을 떠안고 살던 때와 비교하면 중요한 일조차 잊어버리는 일이

많아졌지만, 가슴속에 들고 다녔던 마음의 무게는 한결 가벼워졌다.

걱정은 하면 할수록 늘어난다.

꼬리에 꼬리를 물고 이어져 뻥튀기가 되어 터진다.

걱정 → 걱정 → 걱정 → 걱정 (소비적인 걱정)

걱정 → 고민 → 질문 → 해결 (생산적인 걱정)

걱정이 또 다른 걱정으로 이어지는 패턴이 아니라,
걱정이 해결로 이어질 수 있다면 생산적인 걱정이다.
자신의 걱정이 생산적인지 소비적인지는 스스로 잘 알 것이다.
소비적인 걱정이라면 신이 주신 '망각'이라는 선물을 잘 이용해보자.
인간은 모든 것을 기억하고 저장하기 위해
각종 기술을 발전시키지만,
진화론적인 이론에 따라 생존하기에 유리한 조건은
'잘' 망각하는 것이다.
내 기억을 편집하는 능력이란 살아가는 데 편리한
이기적인 기억력을 의미한다.

"됐어, 몰라, 냅둬"

감정의 일대일 대응* 관계

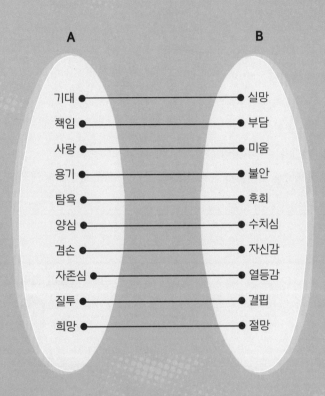

* 두 집합 A, B의 원소를 서로 대응시킬 때, A의 한 원소에 B의 단 하나의 원소가 대응하고, B의 한 원소에
  A의 원소가 단 하나 대응하는 관계

뭔가 기분이 좋지 않은데 왜 기분이 나쁜지 모를 때가 있다. 순간 어떠한 감정이 느껴졌다는 것은 그 감정을 느끼게 하는 원인이 분명 있다는 말이다. 그 원인은 단순한 사건일 수도 있고, 어린 시절의 경험일 수도 있고, 과거의 상처일 수도 있다.

감정은 표면에 보이는 것이 다가 아니다.
하나의 감정이 하나의 얼굴만 지니고 있는 것이 아니다. 대칭축을 바탕으로 한 선대칭의 위치에 있는 도형처럼 같은 위치에서 서로를 마주 보고 있는 감정이 있다.

기대-실망

실망은 기대로부터 나온다. 기대하지 않았다면 실망할 것도 없다.

책임-부담

부담을 느낀다는 것은 책임을 느끼고 있기 때문이다.

사랑-미움

사랑의 또 다른 얼굴은 미움이다. 사랑의 반대말은 무관심이기 때문에.

용기-불안

용기는 불안과 항상 함께한다. 용기 내어야 하는 일이라면 쉬운 일이 아니기 때문이다. 용기를 내야 하는 순간 마음을 접으면 불안도 함께 접힌다.

탐욕-후회

탐욕은 과도함을 포함하는 말이다. 과도함 뒤에는 후회가 뒤따르기 마련이다.

양심-수치심

'부끄럽다'는 것은 '양심을 갖고 있다'와 같은 말이다.
수치스러운 감정을 수치스러워할 필요가 없다. 그것은 반성할 수 있다는 것이고, 수치심을 느끼지 않는 당당한 행동을 하려 노력하는 것이기 때문이다.

겸손-자신감

겸손은 자신감에서 나온다.

자신감이 없다면 인정받기 위해 몸부림치기 때문이다.

가만히 있어도(겸손) 후광이 나오는 사람(자신감),

겸손하면서 자신감 있는 사람.

자존심-열등감

나 자신을 스스로 인정하고 사랑하지 못하면 열등감을 느낀다.

그리고 다른 사람의 말 한마디에 흔들리며 자존심을 부리게 된다.

"뭘 봐?!"

질투-결핍

내가 누군가를 질투하고 있다는 것은 내게 결핍된 무언가를
그 사람이 갖고 있다는 것이다.

희망-절망

절망은 희망하고 기대했기 때문에 느끼는 감정이다. 기대한 만큼 좌절하고,
희망한 만큼 절망한다. 절망하지 않으려 아무것도 희망하지 않는 건 인생을
제자리걸음 하겠다는 생각이다.

"그러는 넌 뭘 봐?!"

존재의 증명, 인정

수학자들이 수학 공식을 증명해내듯이
우리는 각자의 인생에서 존재를 증명해낸다.
나의 존재를 증명하기 위해서는 어떠한 방식으로든 인정을 받아야 한다.
교실에서 수업시간에 일부러 연필을 크게 따각거리거나
소리를 내는 아이가 있다.
쉬는 시간마다 보건실에 가겠다고 찾아오는 아이도 있다.
그 아이들은 왜 그러는 걸까? 그런 방식으로 자신의 존재를 증명하고 싶은 거다.

"선생님, 저 여기 있어요. 저한테 관심 좀 가져주세요."

이렇게 외치고 있는 거다.

사람들은 모두 세상에 '나'가 있음을 어떤 방식으로든 알리려고 한다.

소위 문제아라고 불리는 중고생들은 인상 팍 구기고 책상에 얼굴을 파묻어

한 번이라도 이름이 불리는 방법을 선택한다.

한시라도 연애를 하지 않으면 견디지 못하는 여자는

남자에게 사랑받으면서 인정의 욕구를 채우고 주인공이 된다.

어떤 사람은 착한 행동을 해서 타인을 배려하는 마음으로

존재를 인정받으려 하고,

밖에서 인정받지 못해 집에서 큰소리치며 인정의 욕구를 채우려는 사람도 있다.

어떤 사람은 바득바득 고집을 피우며 욕구를 채우기도 한다.

같은 상황에서 같은 방식으로만 존재의 인정을 추구하는 건 아니다.

사람이 많은 곳에서 어떤 사람은 분위기를 주도하는 것으로 존재를 증명하지만,
어떤 사람은 가만히 있으면서 신비로운 분위기를 만들어 존재를 증명한다.
막상 자신은 그 모든 행동이 내 존재를 증명하기 위한
행동임을 인식하지 못하지만,
그 모든 것은 세상의 무대에서 엑스트라가 되어버릴까 봐
두려워하는 이들의 몸부림이다.
그래서 사람은 무시당하고 인정받지 못할 때 가장 분노하고 힘들어한다.

세상에 내 존재의 증명에 욕심이 없는 사람은 없다.

삶의 엔트로피를 낮추자

엔트로피란?
이용할 수 없는 무효(無效) 에너지의 증가 정도를 나타내는 양이다.

엔트로피 증가는 질서 있는 상태로부터 무질서한 상태로 이동해가는 자연현상을 말한다. 인간이 자연에서 얻는 에너지는 언제나 물질계의 엔트로피가 증가하는 방향으로 일어나는데, 이를 엔트로피 증가의 법칙이라고 한다.

나는 비뚤비뚤해진 이를 손으로 만지작거리곤 한다. 교정기를 착용한 지 2년 만에 빼고 유지 장치를 끼고 있다. 치아교정을 하기로 마음먹고 교정기를 차기 시작했던 첫날을 잊을 수 없다.

입안에서 20년 넘게 자리 잡았던 이들이 이사하기 시작할 때의 그 간지러움. 마치 이가 막 나기 시작한 두 살배기 아이처럼 잇몸이 간지러워 잠을 자지 못할 정도였고, 이를 다 뽑아버리고 싶은 심정이었다. 치과를 한 번 다녀오고 이가 옮겨가는 과정이 반복되고, 다 옮겨졌다 싶을 때 다시 치과를 간다. 기계로 교정기를 한 번 더 조이고 다시 입안 보수공사가 시작된다. 차근차근 조금씩. 또 며칠은 이빨들의 이사에 영혼이 뺏긴다. 온 신경이 입안에 집중되어 있다.

이 과정을 2년 계속하면 어느 정도 반듯하게 이가 자리 잡는다. 이제는 교정기를 빼고, 뺏다 넣기를 반복할 수 있는 유지 장치를 끼게 된다. 20년 동안 있었던 이가 단 2년 동안 물리적인 힘으로 옮겨졌으니 그 힘이 없어지면 제자리로 돌아가려고 애를 쓸 수밖에 없다. 한나절만 교정기를 빼고 있어도 어느새 이는 움직여 있다.

습관도 이처럼 잡아주는 교정 장치가 없어지면
금방 제자리로 돌아간다.

특히나 좋은 습관은 말이다. 인간은 스스로 통제할 수 없는 순간에 맞닥뜨리면 습관에 의존해서 판단하고 행동하게 된다. 인간의 엔트로피는 매우 높아서 가만히 놓아두면 어느새 무질서해지고 만다.

사랑은 변해도 사람은 변하기 힘들다.

한번 만들어진 성격과 습관을 적당히 인정하는 것도 중요하지만, 좀 더 나은 삶을 위해 어제와 오늘의 나를 바라보며 끊임없이 다듬어가는 것이야말로 내 인생을 좀 더 성숙하게 만들어나가는 것이 아닐까? 일찍 일어나고, 물건을 제자리에 정리하는 행동 습관뿐 아니라 말하는 습관, 어떤 상황에서 느끼는 감정 습관, 선택 습관, 판단 습관 모두가 습관이다.

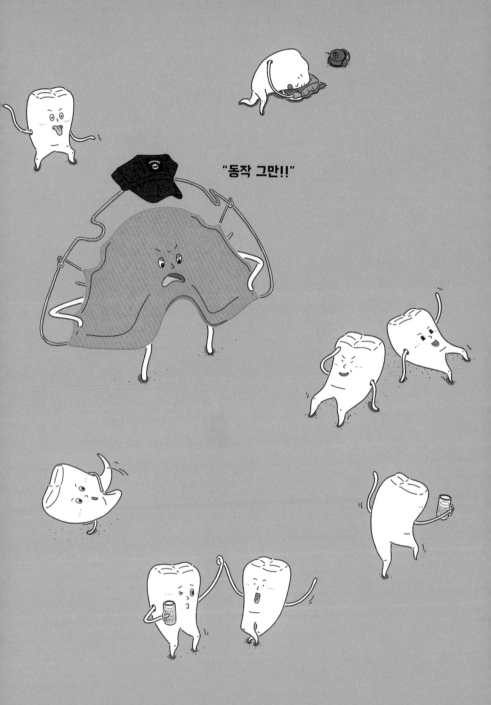

"동작 그만!!"

5년 전, 나는 어떤 사람이 되고 싶은지에 대해 써놓곤 했다. 당시 나는 겸손하면서 당당하고 신중하면서도 밝은 사람이 되고 싶다고 썼다. 그렇게 메모해놓았던 내용을 보다 보면 교정한 이가 가지런해지듯 조금씩 정돈되어가는 것 같다.

5년 전과 5년이 지난 지금의 나는 분명히 다르다.
물론 유지 장치를 끼지 않으면 흐트러지는 내 이처럼 내가 하는 말, 표정, 행동, 판단, 감정의 모든 습관은 자꾸 흐트러지고 무질서해진다. 삶의 엔트로피가 증가하는 것이다.

내가 가진 습관을 점검해보고
작심삼일일지라도 또다시 다짐하는 것이
내 인생의 엔트로피를 낮추는 방법이다.

공집합 ø *의 의미

매일매일 바쁘고 정신이 없다. 약속이 있으면 있는 대로 바쁘고, 없으면 없는 대로 바쁘다. 바쁘다는 생각 때문에 더 바쁘다. 아무런 약속 없이 퇴근 후 집에 들어오면 왠지 조용한 집이 외롭게 만드는 것 같아 보지도 않는 TV를 틀어놓거나 음악을 틀어놓는다. 그 고요함마저도 나를 바쁘게 만든다. 정신없이 돌아가는 하루를 잠깐 일시 정지해보자. 마치 영화를 보는 것처럼 말이다.

ø = 침묵

침묵한다는 것은 관찰자가 되겠다는 의미다.
내가 침묵하는 순간 나는 상대의 표현을 관찰하는 자가 된다.

- 《시골의사 박경철의 자기혁명》 중에서

---

* 원소를 하나도 갖지 않은 집합

그 자리에 있어도 마치 없는 것처럼 공집합화(空集合化)시켜보는 방법은 일단 침묵하는 것이다. 정신없이 떠들던 곳에서 침묵하여 관찰자가 되는 것은, 온전히 그 순간을 감각적으로 즐기는 것이기 때문이다.

ø = 경청

우리는 삶의 집합 속에 수많은 것을 넣어놓고 산다. 가끔 그 주머니가 무겁게 느껴질 때가 있다. 주머니가 가득 차서 어떤 새로운 생각도 하기 버겁고 남의 말도 들어오지 않는다. 대화 중에도 내 말을 하기에 바빠 다른 사람의 말이 귀에 들어오지 않는다. 침묵은 곧 경청으로 이어진다. 듣기로 마음먹고 듣다 보면 안 들리던 게 들리고 안 보이던 게 보인다.

∅ = 포용

공집합은 어떤 원소도 있지 않은 상태다. 그래서 모든 집합의 부분집합이 되는 성질을 갖고 있다. 즉 공집합은 포용을 의미한다. 삶의 침묵을 찾고 경청하다 보면, 다른 사람의 상황과 마음을 이해하게 되고 그것은 포용으로 이어진다.

∅ = 희망

공집합은 비어 있는 집합이기 때문에 어떤 원소든 담고자 하면 담을 수 있다. 즉 열려 있는 미래, 희망을 의미한다. 그렇다고 해서 정체성이 없는 것은 아니다. 세상에 유일하게 존재하는 집합이기 때문이다. 공집합은 가능성 있는 '젊은이' 같은 녀석이다.

바쁜 삶에서 침묵하여 고요한 순간을 일부러라도 만들고
내 주변을 관찰하고 경청하자.
내 주위에 스쳐 가는 것들을
감사하며 포용하게 되고 희망을 발견할 것이다.
그게 바쁜 이들이 삶을 공집합화하는 방법이다.

고통과 즐거움의 집합 원소

$$f(x) = 고통$$
$$g(y) = 즐거움$$

다이어트
$$x = \{밀가루를 못 먹음\}$$
$$y = \{예쁜 몸매\}$$

1950년대에 있었던 일이다. 영국의 컨테이너 운반선 한 척이 화물을 올리기 위해 스코틀랜드의 항구에 닻을 내렸다. 한 선원이 확인 차 냉동 컨테이너 안으로 들어갔다. 하지만 이 사실을 몰랐던 다른 선원이 밖에서 컨테이너 문을 닫아버렸다. 안에 갇힌 선원은 필사적으로 문을 두드렸지만 아무도 그 소리를 듣지 못했고, 결국 배는 다시 포르투갈을 향해 떠나고 말았다. 다행히 컨테이너 안에는 식량이 충분히 있었지만, 선원은 자기가 오래 버티지 못할 것을 알고 있었다.

그래도 그는 힘을 내 쇳조각 하나를 들고 컨테이너 벽 위에 자신의 이야기를 시간별, 날짜별로 새겨나갔다. 추위가 몸을 마비시키는 과정을 적었고, 언 부위가 상처로 변해가는 과정을 묘사했으며, 온몸이 조금씩 굳어지면서 하나의 얼음 덩어리로 변해가는 과정을 차례대로 기록했다.

배가 리스본에 도착했을 때 냉동 컨테이너의 문을 연 선장은 죽어 있는 선원을 발견했다. 선장은 벽에 꼼꼼하게 새겨놓은 고통의 일기를 읽었다. 그러나 정작 놀라운 것은 그것이 아니었다. 선장이 컨테이너 안의 온도를 재보니 온도계는 섭씨 19도를 가리키고 있었다. 그곳은 화물이 들어 있지 않았기 때문에 냉동장치가 작동하지 않았던 것이다. 그 선원은 단지 추울 거라고 생각했기에 죽은 것이다.

너무나 유명한 이야기지만 볼 때마다 섬뜩하면서 놀랍다.

내가 처해 있는 상황이 나를 결정하는 것이 아니라 생각이 나를 결정한다.

무엇을 고통으로 연결하고 또 즐거움으로 연결하는가가 내 삶을 지배한다.

바꾸고 싶은 습관은 고통으로,
가지고 싶은 습관은 즐거움으로 연결하기.

우리는 모두 기분이 좋아지는 일은 계속하고 싶고, 힘들어지는 일은 하기 싫다. 그렇기에 원하는 것이 있다면 고통에 연결하기보다는 즐거움과 연결하는 게 현명하다. 예를 들면 다이어트를 하기 위해 '밀가루 음식을 먹지 않겠다'로 연결하기보다 '다이어트 후의 예쁜 몸매'에 연결하는 것이 효과적이다.

내가 바꾸고 싶은 습관은 고통으로 연결하고, 갖고 싶은 습관은 즐거움으로 연결한다. TV를 좋아하는 내가 노력했던 것 중 하나는 TV와 연결된 재미, 행복, 여유 같은 것들을 TV를 하루 종일 보고 났을 때의 허무함, 살이 찜, 일이 밀려서 받는 압박감, 늦게 자고 아침에 일어났을 때의 찌뿌둥함과 연결하는 것이었다. 물론 힘들지만 그렇게 연결하는 일이 내가 내 삶을 통제해나가는 과정 아닐까?

다른 사람을 바꾸는 과정도 마찬가지다.

아이가 공부를 좋아하게 하려면 공부를 잔소리와 연결하는 게 아니라,
기분이 좋아지고 성취감이 느껴지는 것과 연결해야 한다.
남자친구가 연락을 많이 하기를 원한다면,
연락할 때마다 왜 이제 연락했느냐고 삐지거나 불평하기보다
더 기분 좋아지게 만들어야 한다(물론 말은 쉽다).
자신이고 타인이고 좋은 감정으로
원하는 행동을 강화해나갈 수 있다.

즐거움의 집합 원소 많이 만들기.
즐거움의 집합 원소가 많을수록 더 행복한 사람이다.

좋은 음악을 들으며 누워 있기, 김밥이랑 떡볶이 사 먹기, 달콤쌉쓰름한 와인 마시며 TV 보기(아, 그놈의 TV), 친구와 수다 떨기, 슬픈 영화 보면서 울기(슬픈 거 보는데 기분이 좋아지다니 모순이야), 좋은 강연 찾아 듣기, 서점 가서 책 사기, 쇼핑하기, 먹방 사진이나 영상 보기(아 원초적이다), 편한 옷 입고 밤 산책하기, 예쁜 여자 연예인 찾아보기(왜 남자가 아니라 여자? 아마 대리만족?).

또 뭐가 있을까? 별 생각 없이 했던 것도 '즐거움'의 집합에 넣으면 즐거워진다. 즐거움의 집합에 내가 갖고 싶고 꿈꾸는 미래도 함께 써놓았더니 써놓고 보기만 해도 기분이 좋아졌다. 더, 더 채워봐야겠다.

즐거움의 집합은 마치 크리스마스 선물꾸러미 같다.
오늘 한번 가득 채워보길!

쥐구멍에 숨고 싶은 과거가 생각난다면

내가 과거에 했던 행동이 너무 부끄러워
쥐구멍에 숨고 싶을 때가 한두 번이 아니다.
그래서 과거를 돌아보는 게 과연 나를 위한 일인가 생각했던 적도 있다.
그런데 생각해보면 '과거의 나'를 생각했을 때 후회되고 부끄럽다는 것은
현재 그만큼 내가 성장했다는 증거가 아니겠나.
처음부터 완벽한 사람은 없으니 부끄러운 과거가 없는 사람은 없다.

단지 부끄러움을 아는 사람과 모르는 사람만 있을 뿐.

부끄러움이 있는 사람 : 부끄러움이 없는 사람 (X)
부끄러움을 아는 사람 : 부끄러움을 모르는 사람 (O)

과거의 나를 마주할 때 부끄럽다면
이제 그 부끄러움을 지랑스럽게 여기면 어떨까?
앞으로 5년 후, 10년 후,
지금의 '나'가 더 부끄러워지기를 바란다.
그건 그만큼 성장했다는 증거니까.

"아, 부끄러워"

과거의 나

무게중심

무언가를 결정해야 하는 순간,

가장 현명한 답은 극단적이지 않고 각각의 장점을 두루 가진 선택지다.

예를 들어 직업을 선택할 때 돈이냐 시간이냐,

일을 할 때 가족이냐 성공이냐, 물건을 살 때 미에 치중하느냐

실용성에 치중하느냐와 같은 욕구의 균형 말이다.

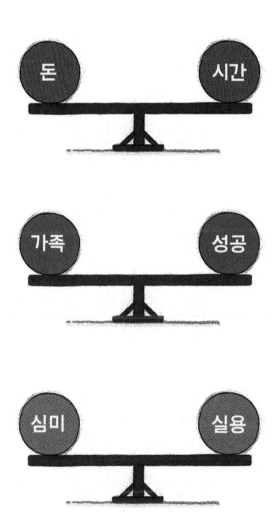

이성을 만날 때 역시 너무 이성적이지도 너무 감성적이지도 않은,

너무 잘난 체하지도 너무 자신감 없지도 않은,

너무 수다스럽지도 너무 과묵하지도 않은,

너무 경박하지도 너무 진지하지도 않은,

수많은 우선순위 안에서의 균형을 요구한다.

내 마음속에서 이루어지는 나의 욕구 사이의 균형도 중요하지만,

다른 사람과 같이할 때는 타인과 나의 욕구 사이의 균형을 맞추는 것도 필요하다.

내 욕구만 생각하다 보면 이기적인 사람이 되고,

타인의 욕구에만 맞추다 보면 줏대 없는 사람이 된다.

세상에는 맞춰야 할 무게중심이 너무도 많다.
균형을 맞추며 살아간다는 것,
참 힘든 일이다.

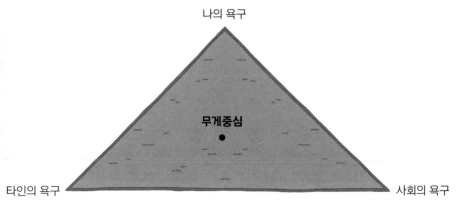

나의 욕구

무게중심

타인의 욕구   사회의 욕구

이상과 현실의 인생 벡터

나이가 들수록 현실의 벽이 높다는 사실을 알아간다.

뭐든지 할 수 있을 것만 같았던 어린 시절이나 대학 시절과는 달리
세상은 꼭 실력으로만 평가받는 게 아니라는 서글픈 사실을 알아간다.
"쓰면 이루어진다"거나 "꿈꾸면 현실이 된다"는 꿈과 이상보다는,
현실에 맞춰 사는 것만으로도 훌륭하다고 생각하게 된다.
로또 한 방의 기적보다 평범함의 소중함을 알아가는 것은
철이 들어가는 것과 같다.

그런데 꿈은 이런 것이다.

현실이란 급류, 그러니까 모든 것이 휩쓸어 자신이 가고자 하는 방향으로 끌고 가려는 압도적인 강물과 같은 것이지요. 그럼 이상이란 무엇일까요? 그건 여러분의 손에 들려 있는 작은 나무토막 같은 겁니다. 급류에 휩쓸리지 않으려면 그 나무토막을 강바닥에 박고 버텨야만 합니다.

- 강신주, 《철학이 필요한 시간》 중에서

강신주는 나무토막을 박고 버틴다 하더라도 급류의 힘이 너무 강해 질질 끌려가기 쉬울 거라고 말한다. 하지만 강바닥에 박은 나무토막이 없다면, 우리는 급류의 힘에 저항할 수도 없을 거라고 덧붙인다. 벡터는 크기와 방향을 동시에 나타내는 방법이다. 이상과 현실, 그에 따라 지금 내게 나타나는 삶의 모습을 벡터로 나타낸다면?

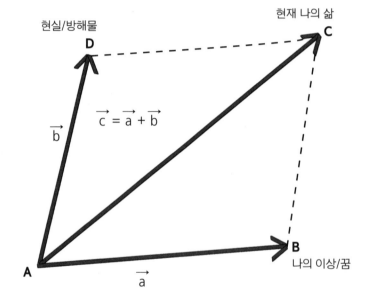

현실/방해물

현재 나의 삶

D

C

$\vec{c} = \vec{a} + \vec{b}$

$\vec{b}$

B

나의 이상/꿈

A

$\vec{a}$

내가 지금 살아가고 있는 삶은 나의 이상과 현실의 벡터합의 값이다.

이상이 없다면 a 벡터값이 0이기 때문에
그저 현실(b)의 크기와 방향에 맞춰 살아간다.
하지만 이상과 꿈을 만들어놓고 그것을 위해 노력한다면
같은 현실이라도 그 합(현재 나의 삶)은 내가 정한 이상, 꿈과 조금씩 가까워진다.
그렇다면 나의 이상, 꿈(a)의 크기를 크게 하는 법은 무엇일까?
바로 자신에 대한 '믿음'과 그 꿈을 이뤄나가고자 하는 '간절함'이다.

내 꿈을 가로막는 장애물의 벡터값이 크다면
더 크게 꿈꾸고 노력해보는 것은 어떨까?

나와
타인

인생에는 '고통 총량의 법칙'이 적용된다.
고통의 시기만 다를 뿐이지
누구나 감당해야 할 고통의 양은 같다.

나는 타인의 여집합*이다

$$\{나\} = \{타인\}^C$$

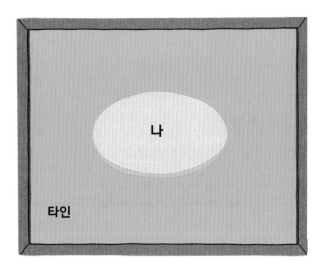

---

* A^C(A의 여집합) = A에 속하지 않은 원소들

'나'에 대해서 생각하는 시간이 얼마나 있었을까?

사춘기도 사춘기인 듯 아닌 듯 지나갔던 내게 '나'를 마주하는 것만큼 두려운 일이 없었다. 직장생활을 시작하면서 소개팅을 하기 시작했다. 소개팅, 영어로 블라인드 미팅Blind meeting. 서로의 얼굴을 모르고 나가는 것이지만 요즘이야 서로 얼굴을 스캔하고 스펙, 프로필을 듣고 나가는 경우가 많기에 아마도 용어를 다시 만들어야 할 듯싶다. 어찌 됐든 소개팅을 시작하면서 나한테 가장 힘든 게 뭐였느냐면…

얼굴도 몰랐던 사람에게 미소를 띠고 어색함을 이겨내며 웃음 짓는 것?
맛있는 음식을 앞에 두고도 고상한 척 입으로 가져가야 하는 것?
아니다.

"무슨 음식을 좋아하세요?", "퇴근 후나 주말에 뭐하면서 시간을 보내세요?",
"어떤 영화 좋아하세요?"와 같은 질문에 대답을 못하겠는 거다.
특별히 호불호가 없는 성격 때문이었을까?
나에 대해 고민해본 적이 없어서였을까?
"특별히 싫어하는 것 없이 다 잘 먹는데요"
"저녁 먹고 쉬고 친구들 가끔 만나고 책 읽고 하다 보면 시간이 가더라고요"
"영화는 웬만한 건 다 좋아하는데…" 이런 대답을 늘어놓고 나면

나는 어느새 자신이 좋아하는 것도 모르고 특별한 취미도 없이
시간을 무의미하게 보내는 그냥 무미건조한 사람이 되어 있었다.

'나'라는 정체성은 남과 있을 때 생긴다.

그동안 세상을 배워가느라 나를 배우지 못했던 것,

다른 사람과 함께하면서도 나와 비슷하겠거니 생각해왔던 것,

나에 대해 별다른 생각을 해보지 않았던 것,

새로운 경험보다 익숙한 일상을 좋아했던 것이

나도 '나'를 모르면서 나와 맞는 사람을 찾겠다고 나선 꼴로 만들어버렸다.

다른 사람과 있으면서
나는 나만의 색을 갖추기 시작한다.

사소하게는 보라색을 좋아하는 것, 시원한 둥굴레차를 좋아하는 것,

생각을 요하지 않는 단순한 로맨틱코미디를 좋아하는 것,

고구마보다 감자가 좋은 것, 집중력이 강한 사람이란 것,

의외로 변덕스럽다는 것,

드라마 킬러라는 것 등등이 다 남과 다른 거였는데.

그게 다 대화의 소재거리고 '나'였는데 특별하다고 생각해본 적이 없었다.

혼자 있으면 당연한 성질이 다른 사람과 있으면 나만의 것이 된다.

질문받지 않으면 당연한 것이 질문을 받으면 당연한 것이 아니다.

'나는 누구인가'는 사소한 데서 나타난다.

입고 있는 옷차림, 자주 사용하는 말, 걸음걸이, 좋아하는 영화 등

모든 것에서 '나'가 배어 나온다.

여든이 다 되어도 금실이 좋은 부부에게 물었다.
어떻게 지금까지 행복하게 잘 사느냐고.
그들은 하나같이 나 자신에 대해 잘 알았다고 답했다.

나 자신을 잘 알면
어떤 사람을 만나야 할지 명확해진다.
어떤 사람이 잘 맞는 사람인지 알게 된다.
처음부터 잘 맞는 사람은 없다.

커간다는 것은 어쩌면 타인과 나를 구분 짓는 방법을
알아가는 것인지도 모른다.
내가 누구인지, 내 버릇이 뭔지,
내 성격과 기질은 어떻고
난 무엇을 좋아하는지

온전히 나 자신에게만
집중하는 시간을 가져보자.

어떤 영화를 좋아하세요?
주말에는 뭐 하면서 시간 보내세요?
무슨 음식을 좋아하세요?
즐겨 듣는 음악이 있나요?
친구 만나요~
아무거나요~
책 봐요~
대부분 좋아해요~
다 잘 먹어요~
'나는 왜 이렇게 무미건조해졌지?!'

'나'를 약분*하면 같은 분수이다

$$\frac{24}{36} \text{(부모님 앞의 내 모습)} = \frac{12}{18} \text{(친구들 앞의 내 모습)} = \frac{6}{9} \text{(직장에서의 내 모습)}$$

$$= \frac{2}{3} \text{(연인 앞에서의 내 모습)} = \frac{20}{30} \text{(가끔 튀어나오는 나도 몰랐던 낯선 내 모습)}$$

모양은 다르지만 결국 다 같은 분수다.

결국 다 나다.

---

* 분수의 분모와 분자를 공통된 수로 나누어 간단하게 하는 일

타인처럼 느껴지는 '나'를 간혹 아니 자주 발견한다.

친구 앞에서의 나, 부모님 앞에서의 나, 직장에서의 나, 연인 앞에서의 나는 각기 다르다. 나조차도 낯선 내 모습에 깜짝깜짝 놀라기도 한다. 내 첫인상을 보고 많은 사람이 나를 차분하고 꼼꼼하고 여성스럽다고 생각한다. 물론 그런 모습도 갖고 있다. 또 어떤 친구들은 내게 "엉뚱하다, 4차원이다, 시트콤 같다, 어리바리하다"고 한다. 어떤 사람들은 내게 예민하다고 하고, 어떤 사람들은 성격이 둔하고 둥글 둥글해서 좋다고 한다. 어떤 사람들은 내게 밝다고 하고, 어떤 사람들은 신중하다고 한다. 평소와 다르게 활기찬 모습, 소리를 꽥 지르는 모습, 용기 없는 모습, 살살 아부를 떠는 모습 등 나도 내 다양한 모습에 무척 당황해하며 '나는 다중인격자인가? 이런 이중인격자, 위선자!' 하고 자신을 자책하는 시간이 있었다. 한동안 일관성을 유지하고자 노력하기도 했다. 그런데 사실은 이 모습이 모두 다 '나'라는 것을 깨달았다.

누구와 어디에 있는가에 따라 시시때때로 내 모습은 변한다.

인간관계 또한 상대성의 원리에 지배받는다.

상대가 어떤 사람이냐에 따라 관계가 달라진다.

상대방의 에너지가 훨씬 셀 수도 있고, 훨씬 약할 수도 있다.

그 사람과 언제 어떻게 만났는지,

어떤 상황에서 인연을 만들어가고 있는지에 따라 다르다.

나이가 들어가며 어떤 경험을 하느냐에 따라 '나'는 계속해서 변해간다.

동창회에서 어릴 때와 너무 달라진 동창을 만나본 적이 있지 않은가?

소심했던 짝꿍이 호탕하게 소리치는 사업가로 변모했다든가,

별 볼 일 없던 남자애가 보란 듯이 떵떵거리며 나타났다든가.

물론 사랑은 변해도 사람은 변하지 않는 것처럼 본질은 잘 변하지 않지만,

그것을 둘러싼 껍데기는 변한다.

바지를 입으면 '나'인데 치마를 입었다고 해서 내가 아닌 게 아니다.

어떤 옷을 입어도 나는 나다.

기약분수는 같다. 분자, 분모에 어떤 수를 곱해서
겉모양이 다른 분수가 나왔다 할지라도 그 분수도 '나'다.

전혀 자책하거나 당황해할 필요도, 괴로워할 필요도 없다. 내가 여러 가면을 가질
수 있다는 사실을 이해하고 오히려 이를 이용할 줄도 알아야 한다. 어떤 사람이 소
개팅에 나가면서 평소에 입던 목이 늘어난 티셔츠와 청바지를 입고 흙이 묻은 운
동화를 신고 갔다. 그리고 이렇게 말했다.

"나는 나의 원래 모습을 온전히 좋아해 주는 사람이 좋아.
이게 내 모습이야."

이 사람은 소개팅에 나온 상대가 마음에 들었지만 애프터를 받지 못했다.

있는 그대로 자연스럽게 행동하는 게 최선이라고 생각하는 건 순진한 생각이다. 의식적으로 신중하게 외양을 만들어야 한다. 적절한 이미지를 만들고 그럼으로써 사람들의 판단을 통제하는 것도 능력이다. 페르소나(가면)를 만드는 것을 부도덕하거나 불쾌한 일로 여기면서 힘들어할 필요가 없다. 우리는 누구나 일종의 가면을 쓰고 사회생활을 한다. 그때그때 다양한 상황에 맞는 다른 역할을 수행하며 살아가야 한다.

우리는 평생 '나'를 발견해가고 나의 페르소나를 만들어간다.
우리는 모두 다중인격자다.

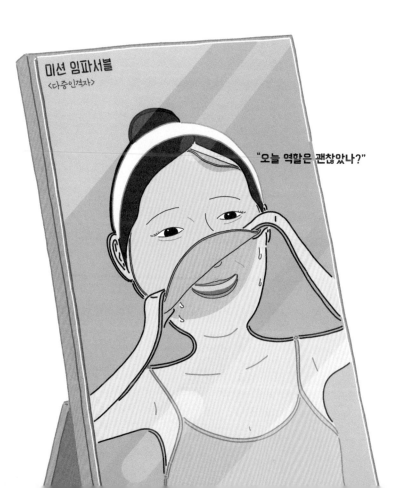

미션 임파서블
<다중인격자>

"오늘 역할은 괜찮았나?"

$$|\text{나}| = |+\text{나}| = |-\text{나}|$$

$$|---|---|---|---|---|---|---|---|---|---|$$
$$-5 \quad -4 \quad -3 \quad -2 \quad -1 \quad 0 \quad 1 \quad 2 \quad 3 \quad 4 \quad 5$$

$$|+2| = |-2| = 2$$

절댓값은 0에서부터 떨어진 거리를 의미한다.
플러스(+)든 마이너스(-)든 값은 플러스다.
절댓값 기호는 어떤 수도 플러스로 만들어버리는 힘이 있다.

$$|+100| = |-100| = 100$$
$$|+\text{성격이 모나지 않았다}| = |-\text{우유부단하다}| = |\text{나}|$$
$$|+\text{일을 빠릿빠릿 한다}| = |-\text{성질이 급하다}| = |\text{나}|$$
$$|+\text{어떻게든 일을 끝내고 잔다}| = |-\text{아침잠이 너무 많다}| = |\text{나}|$$

나에게 어떻게 플러스, 마이너스 값을 매길 수 있겠는가.
내가 가진 모든 성격, 외모, 습관이 나의 사랑스러운 모습이거늘.

나 자신에 대한 기준이 높은 편이다.

나에게 웃어주기보다 채찍질하는 게 익숙했다. 다른 사람이 나와 똑같은 일을 하고 있어도 더 여유 있어 보이고, 더 멋있어 보였다. 비교하면서 안심했고, 자책했고, 채근했다.

사랑을 할 때도 그 사람의 사랑에 더 목말라하고 집착했던 때가 있었다.

누군가의 말 한마디에 한순간 반짝 좋아했다가 비참한 비극의 주인공이 되었다가 했다. 웬 때아닌 고백성사인가.

나는 평범한 가정에서 자랐고, 평범한 직업을 갖고 있어서 특별히 자존감이 낮을 거라고는 생각해본 적이 없다. 그런데 나 자신을 조건 없이 수용하고 가치 있게 여기는 게 낯설었다. 생각보다 자존감이 약했다.

나 자신에게 플러스와 마이너스가 어찌 있을 수 있으랴.

우유부단한 내 성격은 결정을 힘들게 하지만
다른 사람들과 날카롭게 지내지도 않는걸.
성질이 급해서 간혹 실수를 하기도 하지만 그래도 빠릿빠릿 일을 처리하는걸.
TV를 너무 좋아하지만 이젠 그때 본 스토리들로 책을 쓰는걸.

아침잠이 많아 매일 내일만큼은 일찍 일어나리라고
결심하는 의식을 하고 자건만
쉬는 날에는 오전이 통째로 날아가 버려 스스로를 미워하며
하루를 시작하곤 했다.
이제는 그 습관을 나를 미워하는 이유로 쓰지 않으려고 한다.
그런 나를 수용하고, 할 일은 어떻게든 끝내고
침대에 들어가는 방법으로 바꾸련다.

'나'는 객관적인 기준에 의해 판단되는 게 아니다.
'나'는 주관적이고 사적인 영역이다.

남들이 인정해주면 그만큼 자존감이 높아질 수도 있다.
하지만 탄탄한 자존감을 세워두지 못하면
조그만 실수와 비난에 모래성같이 무너지고 만다.
자존감은 어린 시절부터 현재까지의 경험이 차곡차곡 쌓여 만들어진다.
하지만 고정적인 것은 아니다. 언제든지 바꿀 수 있다.
세상은 마치 귀신의 집 같다.
내 자존감을 무너뜨릴 수 있는 요소들이 여기저기 숨어 있다가
갑자기 나타나 나를 놀라게 하기 때문이다.

나에 대한 비합리적인 신념을 합리적으로 바꾸려 노력해왔고
지금도 하고 있다.

그중 하나는 내가 못마땅해 하는 내 모습을 종이에 한번 써보는 것이다.
성격이 되었든 인간관계가 되었든 내가 하고 있는 일이 되었든 말이다.
그것들에 |나| 절댓값을 씌운다.
절댓값 기호는 아주 신기한 기호다.
플러스도 마이너스도 다 플러스로 만들기 때문이다.
나를 나 자체로 받아들여 주게 한다.
절댓값을 씌우면서 자존감을 높였고, 좀 더 삶이 평안해졌다.
그렇다면 나 자신을 있는 그대로 받아들이는 방법은 또 무엇이 있을까?

타인에게 나를 맡기지 말기
자신을 돌아보며 수용할 것은 수용하기
열등감을 만드는 근원을 찾아서 해결하기
결과가 아닌 과정으로 바라보기
포기할 것은 포기하기

나 자신을 내 존재 자체로 사랑해주기를.

$y \neq x$, 타인은 내가 아니다

타인은 내가 아니다.
나와 가장 통하는 사람도
내가 가장 사랑하는 사람도
나와 같은 사람은 없다.

나를 알아보고자 하는 과정과 타인을 알아보는 과정은 같다.
내가 타인과 어떻게 다른지 알아야 '나'를 알 수 있기 때문이다.
그래서 '나'에 대해 제대로 생각해보지 않은 사람은
타인과 내가 다르다는 사실조차 잘 모른다.
나와 타인을 나타내는 그래프를 그려본다.

X축은 나, Y축은 타인.

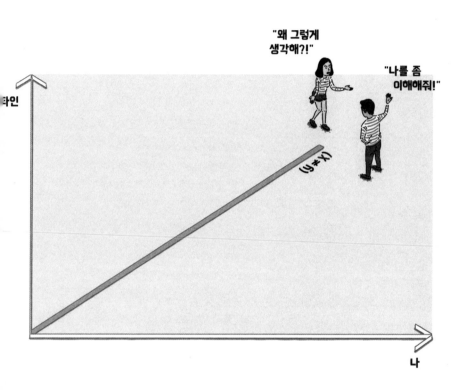

아침을 먹지 않고 라면을 좋아하지 않고
고기를 좋아하며 담백한 것을 좋아하는 식성이 X축에 표현된다.
Y축에는 아침은 꼬박꼬박 챙겨 먹지만 군것질을 좋아하고
채소만 먹는 식성이 표현된다.
내향성과 외향성, 아침형과 저녁형,
갈등이 생겼을 때 처리하는 방식,
대화 방식, 말하는 방식 등이 그래프에 찍힌다.

나와 타인 그래프에서
세상에 절대 존재할 수 없는 그래프가 있다.
y = x 그래프다.

"아니, 이렇게 해야 맞는 건데 넌 왜 그렇게 해?"

"그 사람은 왜 그런 거니?"

타인에 대한 불평과 갈등은 서로 다르기 때문에 생기는 걸까?

서로 달라서 갈등이 생기는 게 아니라

다르다고 인정하지 않기 때문에 생기는 것이다.

상대에 대한 내 느낌이나 판단은 객관적이지 않고 지극히 주관적이다.

누군가와 가까워질수록 연결감이 커지면서 나의 일부로 생각하며 바라보게 된다.

그래서 서로를 더 많이 이해해줘야 할 가족이나 연인에게 오히려 더 불평하고

"나를 이해해줘"라고 메아리 없는 고함을 치며 상처를 주곤 한다.

타인과 나는 같을 수 없다는 사실을 다시 한 번 기억하고 나면

조금은 여유 있게 이렇게 생각하게 된다.

그럴 수도 있지.

물론 어느새 잊어버리겠지만 그때는 또다시

내 무의식의 문에 똑똑 노크해주고 말해줘야겠지.

나와 타인은 다르단다.

$$1 \times 1 \times 1 \times 1 \times 1 \ \cdots = 1$$
$$1 \times 2 \times 1 \times 3 \times 5 = 30$$

$1 \times 1 \times 1 \times 1 \times 1 \ \cdots = 1$

1에 마이너스나 0을 곱하는 사람이 되고 싶지 않다.
1을 잘 곱하는 사람이 되고 싶다.

$1 \times 2 \times 1 \times 3 \times 5 = 30$

하지만 1은 아무리 곱해도 1이다.

행복한 사람은
혼자서 흔들리지 않고 서 있다.
그리고
여럿이서 함께 행복하다.

나는 혼자 있는 것을 좋아한다. 다른 사람에게 먼저 연락하고 관계를 유지하기 위해 안부를 묻고 챙기는 것을 잘 못한다. 사람을 좋아하지 않는 것은 아니다. 사람을 만나는 것도, 함께하는 것도 좋아한다. 하지만 내가 아닌 다른 누군가와 있을 때 온몸이 긴장되는 그 낯선 느낌, 어색한 느낌을 좋아하지 않는다.

태생적으로 외로움을 더 잘 타는 사람이 있다고 하지만, 원래부터 혼자 잘 있었던 것은 아니다. 처음 혼자 살게 되었을 때는 조그마한 방에 혼자 있는 게 너무 답답해서 TV를 켜놓고 잤고, 집에 혼자 있는 게 싫어 주말이면 밖으로 뛰쳐나갔다. 그럴 때 연애를 하면 내가 중심이 아니라 상대가 중심이 되는 연애를 하게 된다. 혼자서도 잘 있는 사람이 사랑도 잘한다는 말은 괜히 나온 말이 아니다. 외로움을 달래주는 것도 연습이 필요하다.

혼자 잘 있는 사람은 곱하기 1을 잘하는 사람이다.
혼자만의 시간을 불평이나 외로움,
우울로 채우지 않고
자신을 돌아보고 다독이고 즐길 줄 아는 사람.

마이너스를 곱하거나 0을 곱하지 않는 사람.
'나' 그 자체로 서 있을 수 있는 사람.
혼자서 시간을 잘 보낼 줄 아는 사람.

1은 아무리 곱해도 1이지만 2를 곱하고 3을 곱하고
4를 곱하면 점점 커진다.

따스한 위로가 필요할 때,
관계에서 느낄 수 있는 에너지와 깨달음을 함께 나눌 때,
세상에 내가 혼자가 아님을, 살아가야 하는 이유를 발견하곤 한다.
우리는 타인과 관계를 맺으며 삶에 의미를 부여하고
그 관계 속에서 더불어 살아갈 방법을 찾는다.
긍정적인 유대가 있어야 사랑을 나누고 배우고 성장할 수 있다.
혼자서 행복을 찾을 줄 알고, 함께도 행복을 찾을 줄 아는 사람이 되고 싶다.

그 사람과 대화하고 나면 왜 기분이 나쁠까?

표면적인 뜻 A = 전하고자 하는 의도 B

어떤 사람과 이야기만 하면 이상하게 기분이 나빠지는 경우가 있다. 분명히 그 사람은 나에게 교양 있고 부드럽게 말했는데… 나를 공격하거나 비난하는 말 따위는 하지 않았는데 왜 나는 기분이 나쁜 거지? 내가 속이 좁은 건가? 뭔가 뒤틀린 게 있나?

물론 때로는 내가 다른 사람에게 이런 사람일 수도 있다.

이런 경우의 대화는 말하는 사람이 듣는 사람에게 의도는 B지만 A로 말하고 있는 것처럼 의사소통의 공을 전달하고 있는 것이다. 예를 들어

"나는 그런 데 싫어해. 너 참 대단하다. 그런 곳도 가고."

이런 말을 들었다고 해보자.

"당신 정말 대단하다."

칭찬의 의미로 보이지만 "나는 너와 달리 그런 거 할 사람이 아니다"라는 속뜻을 가지며 내가 너보다 우위를 점하고 있다고 느껴질 수 있다. 어떤 의미인지는 당시 상황 속에서 '느낌'으로 알 수 있다. 사람의 진심은 전해지기 마련이라 내가 상대에게 하는 말 속에 담긴 마음과 의도는 어떻게든 전해진다. 그리고 나 역시 상대의 마음을 전달받는다.

사실 우리는 모두 연결되어 있기 때문이다.

대화에서 자존심의 끈을 붙잡고 있으면 상대에게 상처를 주면서 내가 올라서려는 대화를 하게 된다. 표면적인 의미와 다른 말, 즉 내 자존심을 지켜준다고 착각하는 의뭉스러운 속뜻이 담긴 대화는 서로를 불쾌하게 한다. 일대일 대응의 의사소통을 할 때, 서로 기분 좋은 대화를 이끌어갈 수 있다.

아름다움과 자존감의 기준?

내가 생각하는 아름다움 > 타인이 생각하는 아름다움
→ 자존감 높음?

내가 생각하는 아름다움 < 타인이 생각하는 아름다움
→ 자존감 낮음?

인정하기 어려운 일이지만 젊음은 영원하지 않고
우리는 그런 데 신경 쓰지 않을 만큼 쿨하지 못하다.

"작품이란 말이야~"

아름다움이란 자연이 여자에게 주는 최초의 선물이며,
또 자연이 여자에게서 빼앗는 최초의 선물이다.

- 슈발리에 드 메레, 프랑스 사상가

나이가 들수록 내면의 아름다움이 더 중요하다는 말도, 성숙미와 원숙미가 풍긴
다는 말도, 동안이라는 말도 더는 위로가 되지 않는다. 그 말은 곧 "나이가 들었
다"와 같은 말이기 때문이다. 나이가 들면 상상 속의 나는 생각보다 아름답고 젊
은데, 막상 거울을 보면 하룻밤 새 깊어진 것 같은 주름과 쌓이고 있는 뱃살이 상
상 속의 나를 망쳐버린다.

한 외국 광고에서 나온 내용이다. 화가와 모델은 서로 얼굴을 보지 않은 상태다. 모델 본인이 자신의 모습을 설명하는 대로 화가가 얼굴을 그린다. 물론 모델 본인은 자신의 얼굴을 그리고 있다는 사실을 모른다. 그리고 같은 모델의 생김새를 다른 사람이 설명하고 화가는 그 말을 듣고 그림을 그린다. 두 그림을 비교했을 때 어떤 그림이 더 아름다웠을까?

같은 사람을 묘사하고 설명했는데, 본인이 설명한 것보다 타인이 설명한 내용에 따라 그린 그림이 훨씬 아름다웠다.

생각보다 우리는 아름답다.

고통 총량의 법칙

사람을 미워하기는 좋아하기보다 에너지가 더 많이 든다.
대화하면 기분이 나빠지는 사람, 같이 일하면서 미워지는 사람이
싫어 죽겠을 때가 있다가도 어느 순간,
나를 포함해서 모든 사람이 불쌍해질 때가 있다.
이 세상을 버텨나가는 게 부자든 가난뱅이든,
잘나가는 사람이든 하루 벌어 하루 사는 사람이든,
힘들지 않은 사람이 어디 있을까.
이 세상은 누가 어떤 지뢰를 밟을지 모르는 곳이다.
언제 밟을지도 모르고 이미 밟았을지도 모르고 내 앞에 있을지도 모른다.

인생에는 '고통 총량의 법칙'이 적용된다.

고통의 시기만 다를 뿐이지 누구나 감당해야 할 고통의 양은 같다.
그 고통의 색이나 모양은 다를 수 있지만
누구든 말 못할 고민을 품고 살아간다.

지금 여기에 살고 있는 사람들은,
모두가 서로를 품고 또 품어주며
함께 버텨나가는 세상의 동지들이다.

그렇게 마음을 조금은 내려놓으면 미운 사람의 상처도 보이고
이 악물고 버텨나가고 있는 모습이 오히려 안타까워질 때도 있다.
그 속에서 다른 사람과 관계 맺기도 잘할 수 있다.
내가 편안할 때 공감할 수 있고,
다른 사람을 살펴볼 마음의 여유도 생긴다.
그러니 이러한 마음가짐의 최대 수혜자는 나 자신이다.
내가 바뀌면서 점점 다른 사람에게 돋아 있던 가시도 하나둘 감춰진다.
오늘도 부글부글 끓어오르는 마음의 온도를 식히며 그들이 나의 동지임이,
나 혼자 이 세상을 버텨나가고 있는 게 아님이 감사하다.

"왜 이렇게 나만
힘든 기분이지?"

"나도 그래~"

일상

인생은 30부터

철든다는 것은
감당할 수 있는 삶의 무게가
커졌다는 것이다.

산꼭대기에서 먹는 컵라면이 맛있는 이유

슈퍼에 가서 맥주 한 캔을 사면
맥줏값에 원자잿값+가공비+도매 비용+소매 비용+인건비만
포함되어 있는 게 아니다.

놀이공원에 가거나 산꼭대기에 가면 같은 아이스크림도 비싼 값에 판다. 어쩔 수
없이 사 먹어야 하는 소비자들을 우롱하는 처사라고 얼마나 볼멘소리를 했는지
모른다.
모든 물건에는 감정의 가치와 경험의 가치가 포함되어 있다. 정말 목이 마를 때
촉촉이 적셔주는 음료수는 생명의 물과 같고, 배고플 때 먹는 음식은 어떤 비싼
음식보다도 보약과 같다. 산꼭대기에서 파는 비싼 컵라면은 이런 감정의 가치를
이미 포함한 값이라 비싼 게 당연하다. 저 꼭대기에서 컵라면을 팔고 있는 아저씨
가 없으면 음식을 맛볼 기회조차 날아가 버렸을 것이기에 말이다.

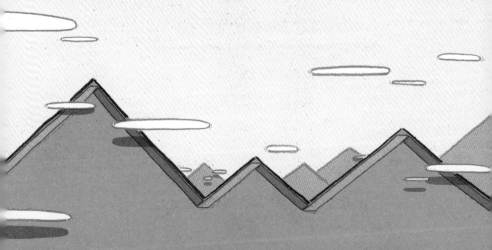

컵라면 원자잿값+도매 비용+소매 비용+(　　　　　)

( )의 값은 시시각각 바뀐다.

하나를 먹어도, 하나를 입어도,

평범한 일상생활을 명품으로 만드는 것은 주관 감정의 값어치다.

그렇기에 누구와 먹는가, 어디에서 먹는가에 따라

2,000원짜리 맥주가 수십만 원짜리, 수백만 원짜리가 될 수 있다.

오늘 내가 먹고 경험하는 것들의 값어치를
재벌 사모님 못지않도록 만들어보리라.

당연한 것A₀이 없어졌을 때의 당혹감

나의 삶을 구성하는 것들$_1$ = $A_0+A_1+A_2+A_3+A_4+A_5+\cdots$
≠ 나의 삶을 구성하는 것들$_2$ = $A_1+A_2+A_3+A_4+A_5+\cdots$

A_0만 없어졌을 뿐인데….

매번 지나다니는 길에 수제 햄버거와 호떡을 파는 아주머니가 있었다. 수제 햄버거에 들어가는 패티는 깨끗하지 않은 기름에 구운 것같이 갈색이다 못해 까맸다. 고기의 색깔을 보고 '저래서 장사가 안되는 거지' 하고 지나쳤다. 호떡은 흥건한 기름에 목욕하고 나와 "더 이상 나를 먹지 마시오" 바리케이드를 쳐놓은 것처럼 생겼다.

그래서일까? 그 포장마차에는 항상 사람이 없었다.

하지만 아주머니는 누굴 위해 만드는 것인지 매일 꾸준히 그 자리에 서서 햄버거 고기와 호떡을 굽고 있었다. 출퇴근 시간을 지키면서 얼렁뚱땅 자리를 차지하고 있으면 월급이 나오는 월급쟁이처럼 그렇게 아주머니는 자신의 눈앞에 보이는 일을 열심히 하고 있었다.

그러던 어느 날, 아주머니가 없어졌다.

그 자리에서 햄버거와 호떡 장사를 하는 것을 보아온 지 어언 3년이었다. 3년 전에 이곳으로 이사 왔기 때문에 아주머니는 아마 그보다 더 오래전부터 그곳에 자리 잡고 있었는지도 모른다. 장사가 되는지 마는지 상관없다는 듯 열심히 호떡을 구워대던 아주머니였는데 감쪽같이 사라졌다.

'그래, 그렇게 장사가 안 되는데 방법을 강구했어야겠지' 하면서도
'혹시 어디 아프신 건 아닌가, 무슨 변이라도 당했나' 걱정이 된다.
물론 나는 그 아주머니와 한 번도 이야기를 나눠본 적도 없고,
심지어 그 긴 시간 동안 곁눈질을 하고 혀를 끌끌 차면서도
호떡 한 번 팔아준 적이 없다. 그런데 내가 무슨 권한으로
그 아주머니 걱정을 하고 있는지.
어느새 퇴근길에 항상 서 있는 가로등처럼
그 아주머니는 나에게 당연한 존재가 되어 있었나 보다.
사라짐에 대한 당혹감은 시간과 비례한다.

"호떡 아주머니
어디 가셨나~옹~"

아무리 단단한 책상이라도 망치로 못질을 퉁퉁하면
처음에는 들어가지 않아도
퉁, 퉁, 퉁 망치질하는 횟수가 늘어날수록
못은 책상 속으로 자취를 감춘다.
그렇게 서서히 마음속에 박힌다

있으면 당연하고 없어지면 걱정되는 것,
호떡 가게 아주머니와 같은 존재,
우리에겐 또 무엇이 있을까?

내가 겪은 시련 vs 남이 겪은 시련

내가 겪은 시련 = x   내가 느끼는 바 = x^{100}
남이 겪은 시련 = y   내가 느끼는 바 = y
(어쩌면 y = x^{-20} 일지도)

내가 아파보기 전에 다른 사람의 아픔에 대해 말하는 것은 너무나도 오만하다. 내 신발 속의 모래가 나를 제일 귀찮게 하듯 내 일이 가장 힘들고 고통스럽다.

가장 친하게 지내던 친구가 수능을 앞둔 9월, 남자를 사귄다고 했다. 속으로 '공부만 하기에도 벅찰 때 잘하는 짓이다'라고 생각했다. 하지만 친구 인생에 함부로 끼어들어 우정을 망가뜨리지 않아야겠다는 생각이 들어 "네가 잘 알아서 공부할 거라고 생각한다"고 말했다. 친구 커플은 둘 다 원하는 점수를 얻었고 원하는 대학에 들어갔다. 오히려 그 친구를 걱정하던 나만 원하는 점수를 얻지 못했다.

나의 시련에 대한 실제 고통과 나의 체감 고통의 관계 그래프

타인의 시련에 대한 실제 고통과 나의 체감 고통의 관계 그래프

남자는 대학에 들어간 후 내 친구를 차버렸고 친구는 졸지에 차인 여자가 되었다. 당시 나는 내 친구가 겪는 아픔을 전혀 이해하지 못했다. 친구가 추운 겨울날 소주 한 병을 사 들고 병나발 불면서 거리를 돌아다녔다는 말을 들었을 때도 따뜻한 위로의 말 한마디 해주지 못했다. 그깟 남자가 뭐라고 소주를 마시고 너를 괴롭히느냐고 했다. 그 친구가 바보 같아 보였다. 그 친구는 사랑이라는 것을 처음 했고 처음 아픔을 느꼈을 텐데, 세상이 무너지는 것만큼 힘들었을 텐데, 한 번도 사랑해보지 못한 나는 하나도 이해하지 못했다.

아니 이해하는 척하지도 못했다.
오랜 시간이 지났지만 아직도 너무 미안하다.

●

이런 일이야 아주 작은 일에 속한다.
친구는 힘들지만 나는 이해하지 못하는 것들,
나는 힘들어 죽을 것 같은데
남들은 별일 아니란 듯이
말하는 일이 얼마나 많은가.

내가 바라보는 타인의 고통보다
그 사람은 더 큰 고통을 느끼고 있음을,
내가 느끼는 나의 고통은 다른 사람이 보기에
별거 아닐 수 있음을 알아야겠다.

시련은 세상을 보는 눈을 둔각*으로 만든다

사람의 행복감은 45세에 가장 낮고 그 후부터 시간이 갈수록 높아진다고 한다.
나이가 들면서 역경에 대한 적응력은 높아지고 기대감이 낮아지면서
행복감이 더 상승하는 것이리라.

나이↑ 역경에 대한 적응력↑ 기대감↓ 행복↑

나 역시도 몇 년 전까지만 해도 팔랑 귀에 쉽게 흔들리는 갈대라 나에게 유리한 말을
들으면 기분이 좋았다가 조금이라도 불리한 말을 들으면 기분이 바닥까지 가라앉고
화가 나곤했다. 입술을 부르르 떨며 화를 냈다가 다시 폴짝대며 좋아하는 모습이 영
락없이 어린애였다. 거기다가 "걔는 어쩌면 그럴 수 있다니? 정말 너무하다"
고 다른 사람의 말을 쉽게 하기까지 했다.

---

* 직각(90°)보다 크고, 180°보다 작은 각

나이가 들어가면서 오뚝이 인형에
돌멩이를 하나, 둘 넣어두는 것처럼
쓰러졌다가 올라오는 것을 쉽게 반복했던
감정의 오뚝이가 흔들림이 많이 없어진다.

좀 더 부드러워지고 신중해진다.
모든 사람은 각자의 상황과 사정이 있음을,
같은 입장이 되어보기 전까지는
함부로 말해서는 안 됨을 깨닫는다.
세상을 이해하는 정도가 커지고 마음이 평온해진다.
물론 이러다가도 불같이 화가 나고
누군가가 또는 나 자신이 미치게 미워지고
실수하기도 하지만 말이다.

아파보고 나면 다른 사람의 아픔이 보인다.

별의별 사람을 보고 별의별 일을 겪어나가기 때문에

나이의 무게가 커질수록 이해의 범위가 커지나 보다.

하지만 나이가 많다고 해서 무조건 이해하는 정도가 커지지는 않는다.

평생 작은 시련은 겪었지만 큰 시련을 겪지 못하고 살았을 수도 있기 때문이다.

큰 시련 한 번이 작은 시련 10개보다 더 큰 지혜를 가져다준다.

큰 시련은 지혜를 선물해주는 약이다.

또 시련을 겪었지만

그 시련으로부터 성장하지 못하는 사람도 있다.

남 탓으로만 돌리면서 나 자신에게

열등감을 선물하는 사람도 있다.

혹시 지금 시련을 겪고 있다면
세상을 바라보는 시선을 둔각으로
넓혀보는 기회라고 생각하면
조금은, 아주 조금은 마음이 더 나아질 수도 있다.

시련은,

세상을 보는 눈을 둔각으로 만들어주는 기회일지도 모른다

시련을 대하는 법

$$시련 \times \frac{1}{시련으로부터\ 지난\ 시간} = 체감하는\ 시련의\ 고통$$

100이라는 강도의 시련을 겪고 3년의 시간이 지났다.

내가 느끼는 시련의 고통 = $100 \times \frac{1}{3}$ = 33.333

30이라는 강도의 시련을 겪고 10년의 시간이 지났다.

내가 느끼는 시련의 고통 = $30 \times \frac{1}{10}$ = 3

시련을 치료해주는 최고의 진통제는 시간이다.

세상을 살면서 누구나 그 크기만 차이가 있을 뿐 크고 작은 돌부리에 걸려 넘어진다. 넘어졌을 때 얼마나 아픈지는 자신만이 알 수 있다. 내가 얼마나 아픈지 말했는데 상대가 그 아픔을 온전히 알아주지 못한다고 서운해할 필요는 없다.
그건 너무도 당연한 거니까.

마찬가지로 너의 아픔을 안다고, 이해할 수 있다고 함부로 말해서도 안 된다.
그건 불가능한 거니까.

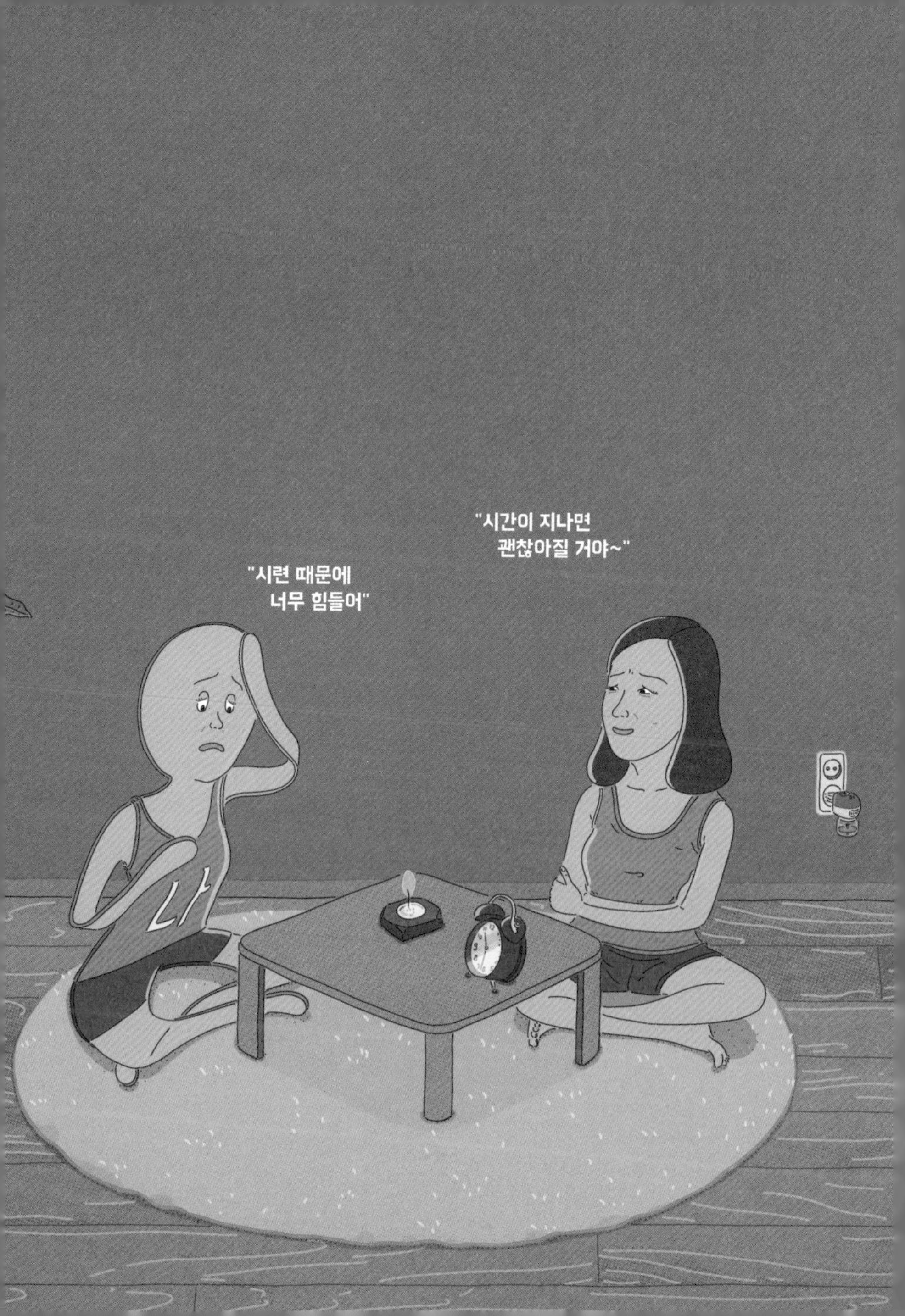
"시련 때문에
너무 힘들어"
"시간이 지나면
괜찮아질 거야~"
나

하지만 아프고 힘들 때 누군가 손을 내밀어 준다면 다시 일어서는 데 도움이 된다.
빛 하나 보이지 않는 깜깜한 밤에는 아주 조그만 촛불이라도
방 하나를 환히 밝힐 수 있기 때문이다.
여기저기 불빛이 반짝이는 곳에 촛불을 켜놓으면
밝게 하는 데 별 도움이 되지 않는다.
내 마음이 힘들지 않을 때 위로가 별로 필요 없는 이유다.

희망 한 줄기 안 보이는 것 같을 때,
바닥이 보이지 않는 구렁텅이에 떨어진 것만 같은 순간에는
큰 불빛보다 조그마한 불빛이 오히려 도움이 된다.

갑자기 형광등을 켜면 눈이 부시고 스스로가 더 초라해질 뿐이다.
이해되지 않으면서 이해되는 척 위로의 말을 건네기보다
그냥 옆에서 따뜻하게 지켜봐 주는 것, 괜찮다고 말해주는 것이
형광등 같은 위로가 아닌
촛불 같은 위로다.
그게 내 시련을 대하는 방법이면서도
남의 시련을 바라봐주는 방법이다.

내가 시련을 겪고 있다면 그 시련에서 벗어나려고 애를 쓰기보다
깜깜한 마음의 방에 조그마한 촛불을 켜놓고
조용히 나 자신과 대화하기를.

그 약을 꼭꼭 씹어 먹다 보면
어느새 더 건강해진 나 자신을 발견할 수 있을 테니까.
그리고 시간이 지날수록
점점 그 시련의 색은 옅어져 갈 것이다.

순간의 축배, A≠A′이다

어릴 때 먹던 빠삐코 ≠ 서른이 넘어 먹는 빠삐코

친구와 8년 전 처음 연극을 봤던 그날 ≠ 같은 연극을 다시 본 오늘

사랑했던 사람과 먹은 정말 맛있었던 까르보나라
≠
혼자 같은 음식점에 같은 일요일에 가서 먹은 까르보나라

초등학교 5학년 때 가족과 함께 처음 가본 제주도 중문단지

≠

성인이 되어 훌쩍 떠난 제주도 중문단지

살아온 시간의 높이가 높아질수록 경험의 양도 많아지지만 기억하는 양은 그다지 많아지는 것 같지 않다. 절대 잊히지 않을 것 같은 일들이 하나둘 지워지고, 눈앞의 일을 챙겨다니는 것도 힘들어지는 때가 오기 때문이다. 하지만 어떤 물건, 어떤 장소, 어떤 냄새, 어떤 사람은 기억의 불꽃을 점화시켜 시간의 향연을 펼치곤 한다.

과거의 시간을 더듬어 웃음 짓기도 하고 후회하기도 하며 과거의 나와 마주하다 보면 그때가, 그곳이 그리워진다. 하지만 그 장소가 그리워 가면 슬프게도 이미 그곳은 그곳이 아니다.

마치 첫사랑을 다시 만나면 그 사람이 아닌 것처럼.
어릴 때 다녔던 학교 운동장이 그 운동장이 아닌 것처럼.

기억이란, 시간과 장소와 날씨에 따라 달라지는 아주 복잡하고 복합된 감정이다. 그렇기에 시간이 지나 과거를 '충분히' 재연해낼 수 있는 과학기술이 발달한다 하더라도 '똑같이' 재연할 수는 없을 거다.

어떤 A도 A'와 값이 비슷할 순 있어도 같을 순 없다는 것.

삶이 불안해질 때는 무얼 하든 시간을 낭비하는 것 같고, 미래의 행복을 야금야금 갉아먹고 있는 게 아닌가 싶어 눈에 들어오지 않아도 책을 붙잡고 책상에 앉아서 불안을 짓누르곤 한다. 하지만 따뜻한 홍차 한 잔이 불안감에 둘러싸여 책상에 앉아 있는 나를 충분히 행복한 사람으로 만들어줄 수 있다. 또 시간이 지나 '그래도 그때는 젊었다'는 생각에 그 순간이 그리워질 수도 있다.

지금 내가 찍어내고 있는 삶의 음표는
다시 도돌이표 연주를 할 수 없기에
차곡차곡 찍어내야 함을 안다.

행복에 겨울 때는 충분히 행복하고,
힘든 순간 역시
다시는 돌아오지 않을 순간이라는 것을
스스로에게 환기시키며
'순간'의 작은 축배를 들고 싶다.

인생의 변화 = 생각 × 행동

생각 × 행동 = 인생의 변화
$$1000 \times 0 = 0$$
$$200 \times 0 = 0$$
$$10 \times 0 = 0$$
$$1 \times 1 = 1$$

나는 끊임없이 쓸데없는 생각을 한다.

'과거에 이런 선택을 했다면?'

'이런 상황에서 이런 일이 생긴다면? 이런 일을 한다면?'

그 많은 생각들을 행동으로 옮겼으면 나는 다른 인생을 살고 있지 않을까?

내 인생에 변화가 온 것은 세상 밖으로 내 생각을 펼치기 시작할 때부터였다.
그동안 써놓은 원고를 출판사에 보내고, 강연을 기획해서 하겠다고 하고,
블로그를 운영하고, 생각만 하고 자신 없었던 것들을 시작하면서였다.
'감히', '혹시'라는 생각이 '일단'으로 바뀌었다.
인생에서 변화는 생각한 것과 행동한 것으로 이루어진다.

인생의 변화를 가져온 많은 사람들은
생각의 씨앗을 뿌리고 행동으로 가꿔나갔다.
생각을 아무리 크게 해도 행동하지 않으면
별생각을 하지 않고 살아가는 사람과 다를 게 없다.

오히려 머리만 복잡해져 차라리 생각 없이 사는 게
건강에는 좋을지도 모른다.
조그만 생각이라도 하나라도 행동하는 사람은
단 하나라도 변화가 생긴다.

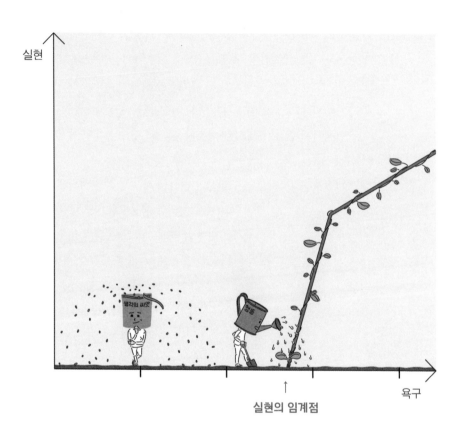

실현

생각의 씨앗

행동

실현의 임계점

욕구

실현은 욕구에 비례한다.

남자가 여자를 좋아하는 마음이 임계점에 다다르면
표현하고 고백해 결혼하게 된다.
내가 하고 싶은 일이 정말 간절하다면 행동하게 된다.
하다못해 먹고 싶은 것을
능동적이고 적극적으로 사 먹었다는 것은
그 음식에 대한 식욕이 임계점을 지났음을 의미한다.

아직 실천으로 옮기지 못한 일은
그만큼 간절하지 못하다는 것일지도.

나의 안전지대 벤다이어그램*

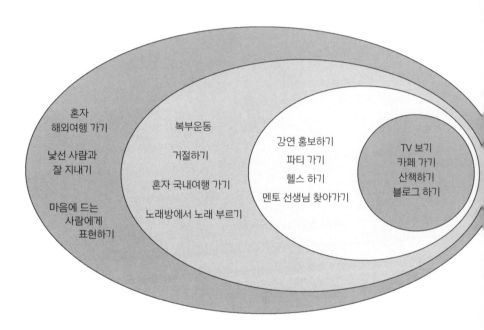

혼자
해외여행 가기

낯선 사람과
잘 지내기

마음에 드는
사람에게
표현하기

복부운동

거절하기

혼자 국내여행 가기

노래방에서 노래 부르기

강연 홍보하기
파티 가기
헬스 하기
멘토 선생님 찾아가기

TV 보기
카페 가기
산책하기
블로그 하기

---

* 부분집합, 합집합, 교집합 등 집합 사이의 관계를 쉽게 설명하기 위해 나타낸 그림.
영국의 논리학자 벤(Venn, J.)이 고안하였다.

나의 안전지대는 꽤 좁다.

평소에 하던 방식이 좋고, 익숙한 길로 다니는 것을 좋아하고, 잠자리만 바뀌어도 잠을 설친다. 나는 행동으로 옮기는 데 필요한 임계점이 높은 사람이다. 가까운 집 밖으로 나갈 때도 꽤 오랫동안 고민하고 나간다. 막상 새로운 길을 걷고 낯선 곳으로 떠나면 기분전환이 되고 의욕이 생긴다. 그래서 매번 집안에 틀어박혀 있던 지난 주말을 후회하곤 한다.

나에게 여행은 손잡이가 없는 신비한 세계로 가는 문이다.

문 너머로 보이는 세계는 너무 아름답고 신선하다. 좋다는 건 알지만 나를 가로막는 두려움이 손잡이를 가려버렸다. '길치인 내가 길을 찾을 수 있을까? 혹시 나쁜 일을 당하는 건 아니겠지? 잠을 설치는 건 아닐까? 통장의 잔고가 너무 많이 빌 텐데.' 이렇게 나를 붙잡는 요인들이 여행을 떠나지 못하게 한다.
나의 안전지대에는 TV 보기, 카페 가기, 산책하기, 블로그 하기 등이 있다.
아무 부담 없이 편하게 할 수 있는 것들이다.

안전지대 바깥으로 갈수록 행동하기까지 부담감과 거부감이 커서
스스로를 다그쳐야 할 수 있는 것들이 있다.

유익한 스트레스는 호기심을 불태우고 열정을 자극하고 창조성을 불러일으킨다. 무언가를 처음 해볼 때 생기는 유익한 스트레스는 이제까지 사용되지 않던 뇌의 영역을 활성화하고 도파민 호르몬을 분비시켜 쾌감을 불러일으킨다. 새로운 것을 해보지 않으면 안전지대가 점점 좁아진다. 조금은 부담스러운 것들을 하다 보면 안전지대가 넓어지고 행동하기까지의 시간이 짧아지며 에너지가 덜 들게 된다. 이렇게 안전지대를 그려놓고 보니 나 자신이 조금 더 보였다.

그리고 하나씩 지워나가려고,
벤다이어그램의 범위를 넓혀보려고 노력하고 있다.

오늘도 머릿속으로 생각만 했던 것들을
글로 옮겨보고 행동으로 옮기는 방법을 찾아본다.
나의 안전지대 벤다이어그램을 그려본 후,
생각에서 더 나아가 뭐라도 하나 해보는 건 어떨까.

인생의 변화 공식에서 생각에 곱해지는
행동지수를 높여보는 거다.

철든다는 것은
감당할 수 있는 삶의 무게가 커졌다는 것

$$\frac{\text{감당해야 하는 무게} \quad 10}{\text{감당할 수 있는 무게} \quad 10} = \frac{20}{20} = \frac{30}{30}$$

철들었다는 것은 나이보다 이겨낼 수 있는
삶의 무게가 무겁다는 것이다.

나이가 들면서 책임져야 하는
삶의 부피는 누구나 커진다.

하지만 얼마나 커지는지는 사람에 따라 다르다.
이른 나이에 힘든 일을 겪거나 사색을 하면서 일찍 철이 든 경우도 있다.
나이가 들어가는 숫자만큼 세상을 짊어질 수 있는 무게도 무거워진다.

10살에 내가 감당할 수 있었던 무게가 10이었다면
서른이면 감당할 수 있는 무게는 30이다.
어릴 때 이거 아니면 안 될 것 같았던 장난감이 크고 나면 별거 아닌 것처럼,
20대 청춘에 헤어지고 나면 세상이 무너질 줄 알았던 그 남자가 없어도
내 삶의 고속도로에서 '멈춤' 표지판 하나 없이 달려갔던 것처럼,

지금 내가 고민하는 일도 나이가 들고 보면
돌배기 아이가 울어 재끼는 딸랑이만큼의 값어치이기를 빈다.

그렇기에
신은 그 사람이 견딜 수 있을 만큼의
고통을 안겨주신다고 한다.

지금 힘이 든다면 나의 삶의 근육이 튼튼해지는 근력운동 중이란 걸,
나는 평생을 인생 헬스장에서 근력운동을 하고 있다는 걸,

그래서 80이 된 어르신들이 몸의 근력은 형편없을지라도
삶의 근력은 20대와 비할 바가 아니라는 걸,

알. 아. 간. 다.

미래를 대하는 태도 : 걱정 〈 기대

나는 타고나기를, 좋게 말하면 신중하게,

나쁘게 말하면 비관적으로 태어났다.

그래서인지 어린 시절 엄마에게 이렇게 말했던 기억이 난다.

"엄마, 난 요즘 걱정이 없는 게 걱정이야."

아이구야, 지금 생각하면 10살 남짓한 아이가

왜 그런 생각을 했는지 모르겠다.

누구나 미래는 두렵기 마련이다.

최고의 자리에 있는 사람도,

실패의 구렁텅이에 떨어져 있는 사람도,

아직 다가오지 않은 시간에 무슨 일이 일어날지 몰라 두렵다.

무조건적인 낙관주의자는 '어떻게든 되겠지'라고 생각하며

미래를 위한 탑에 하나씩 블록을 쌓는 일을 아예 하지 않는다.

그들은 걱정도 없고 기대도 없다.

비관주의자는 이것도 안 돼, 저것도 안 돼 망설이며

블록을 들고 어디에 놓을까 고민하다가 포기하고 만다.

걱정의 무게에 짓눌려 기대할 틈조차 자신에게 주지 못한다.

미래가 두렵고 걱정되는 건 당연하다.
걱정을 하고 있다는 사실에
스스로 용기 없는 사람이라고
자책할 필요가 없다.

용기 있는 사람은 두려움이 없는 사람이 아니라,
다만 두려움보다 조금이라도 기대가 많은 사람이다.
세상에 부정적인 감정은 없다.
우리가 느끼는 감정은 모두 우리가 겪어야 하는 감정이다.
모든 감정은 인생의 자연스러운 한 부분으로
인생에서 나름대로 기능을 하고 있다.
우리는 그러한 감정으로부터 무엇인가를 배울 수 있고, 결정할 수 있다.
그러니 미래의 일에 너무 많이 두려워할 필요가 없다.

지금 이 순간 걱정되는 일, 두려운 일은
내가 손댈 수 있는 일이라면 대비를 하면 될 것이고,
내가 어찌할 수 없는 일이라면 덤덤하게 지나치면 될 것이다.
어차피 겪을 일이라면 겪을 것이고 넘어갈 일이라면 넘어갈 것이니.

흔들리거나 고민이 될 때,
이 순간이 기회라고 생각하자.
그 감정으로부터 도망치거나 외면하지 않고
걱정을 기대로 만들기 위해서는
무엇을 해야 할까를 생각하자.

그러다 보면 마음의 샌드백이
조금씩 두꺼워지는 것 같다.
나는 비싸고 고급스러운 핸드백도 좋아하지만
조그마한 충격에도 쉽게 흔들리는
나를 지켜주는 샌드백이 더 좋다.

epilogue

수학 계산이 틀리면 다시 하면 되고,
내가 푼 수학 문제는 덜 억울하다

수학 계산이 틀리면 지우개로 쓱싹쓱싹 지우고 다시 푼다.
인생 계산은 틀렸다고 지우개로 지우지는 못하지만 다시 풀 수는 있다.

'평가'는 잘하고 못하는 것 그 자체를 알기 위해 하는 것이 아니다. 그다음 내가
해야 하는 행동을 알기 위해서 한다. 국을 요리할 때 짜면 물을 넣고, 싱겁다 생각
하면 간장이나 소금을 넣는다. '나는 요리를 못 하는구나'하고 좌절하려고 국을 맛
보는 건 아니다. 다시 간을 맞추면 된다.

인생에서 잘못된 선택을 할 수도 있다. 하지만 그 잘못된 선택으로 부정적인 일반
화를 하거나 극단적인 평가를 하지 말자. 사람들은 남이 잘되면 결국 그럴 줄 알았
다고 하고, 남이 잘못되면 또 역시 결국 그럴 줄 알았다고 한다. 남의 일이라 쉽게
말한다. 나 역시 내가 선택했던 일이 잘되면 내가 잘난 거고, 잘못되면 나는 안 그
러려고 했는데 그 당시 조언했던 사람이, 그 당시 상황이 그랬던 거라고 변명한다.

물론 억울한 일이 있을 수 있다. 모르고 선택한 일일 수도 있다. 상황이 그럴 수밖에 없는 일도 있다. 하지만 결국 다 자신이 선택한 일이다. 스스로 감당해야 하고 책임져야 한다. 그러기에 인생은 신중하게 살아야 한다.

불행한 결혼생활을 한다고? 내가 선택한 남자였다. 그 남자가 목을 매서 결혼했다고? 내가 선택한 거다. 직장이 마음에 안 든다고? 내가 선택한 일이다. 내가 선택한 전공이다. 성적이, 집안 형편이 그랬다고? 가정환경이 그랬다고? 분명한 목표가 있었다면 집안을 뛰쳐나와서라도 이루어야 했다.

현재 무언가를 선택한다면, '미래의 나'가 '현재의 나'를 바라볼 때, 부끄럽지 않은 선택일지 고민하고 선택해야 한다. 선택을 두려워하면서 어영부영하다가 상황에 맞춰, 시간에 쫓겨, 다른 사람에 의해 어쩔 수 없이 선택하기가 쉽다. 정확히 말하면 선택당하게 된다. 결국 시간은 갈 것이고 내가 선택하지 않으면 다른 사람이 선택하거나 상황이 선택해버린다. 선택당하기 전에 선택하고 그 결과에 당당하게 책임져야 한다.

내가 푼 수학 문제를 틀리는 건 인정할 수 있지만, 짝꿍이 푼 내 시험 문제가 틀리면 억울하다. 내 인생 문제는 내가 풀자.

서른의 공식

초판 1쇄 발행 2016년 1월 20일

지은이 이서윤 **그린이** 어진선

펴낸이 민혜영
펴낸곳 카시오페아
주소 서울시 마포구 월드컵북로 400 문화콘텐츠센터 5층 출판지식창업보육센터 8호
전화 070-4233-6533 | **팩스** 070-4156-6533
홈페이지 www.cassiopeiabook.com | **전자우편** cassiopeiabook@gmail.com
출판등록 2012년 12월 27일 제385-2012-000069호
디자인 조혜상

ISBN 979-11-85952-30-7
이 도서의 국립중앙도서관 출판시도서목록(CIP)은 서지정보유통지원시스템 홈페이지(http://seoji.nl.go.kr)와
국가자료공동목록시스템(http: //www.nl.go.kr/kolisnet)에서 이용하실 수 있습니다.
(CIP제어번호 : CIP2016000217)

* 잘못된 책은 구입한 곳에서 바꾸어 드립니다.
* 책값은 뒤표지에 있습니다.